U0061411

中華書局

我是故宮看門人

單霽翔　　　　著

我是故宮「看門人」

我於 2012 年 1 月來到故宮博物院工作。

故宮博物院擁有許多「世界之最」稱號，如世界上規模最大、最完整的古代宮殿建築群，世界上收藏中國文物最豐富、最珍貴的一座寶庫，世界上每年接待觀眾數量最多的博物館。

同一個地方，擁有這麼多的「世界之最」稱號，在這裏工作怎能不讓人充滿自豪感、責任感？但是，當我真正成為一名故宮博物院員工，每天走在觀眾中間，設身處地體驗他們的參觀感受，這些「世界之最」竟然很難真正體會到。因為這些「世界之最」還沒有完整地呈現出來，還有很多提升的空間。

故宮博物院的館舍宏大，但是我看到大部分區域並未開放；故宮博物院的文物藏品豐富，但是我看到的是 99% 的文物藏品在庫房裏面沉睡，展出的文物不到 1%；故宮博物院的觀眾最多，但是他們沒有享受到應有的待遇。很多觀眾隨着導遊的小旗前行，聽着不夠專業的講解；很

多觀眾的參觀流程就是看看皇帝坐在什麼地方、躺在什麼地方、在什麼地方大婚，然後看看珍寶館、鐘錶館，在御花園休息一下，就走出了故宮博物院。在我看來，如此的參觀體驗只是「到此一遊」而已。這座博物館的魅力，我們並沒有充分展示給觀眾。

這些「世界之最」是最重要的嗎？它們很重要，但並不是最重要的。隨着時代的發展，人們對於有品質的文化生活更加嚮往，故宮文化遺產資源究竟多大程度上為人們的現實生活做出了貢獻，這可能才是最重要的。具體就一位觀眾而言，當他走出故宮博物院的時候，回顧這次難得的文化之旅究竟獲得了什麼，這可能才是最重要的。應該說，故宮博物院缺少的是「以人為本」的管理理念，不足的是人文關懷，因此必須要加以改變。

習近平總書記指出，「要系統梳理傳統文化資源，讓收藏在禁宮裏的文物、陳列在廣闊大地上的遺產、書寫在古籍裏的文字都活起來」。幾年來，正是通過系統梳理傳統文化資源，讓文物「活起來」，我們才實現了故宮博物院事業的健康發展。

上 參加 2014 年徐悲鴻藝術節開幕式（2014 年 4 月 28 日）
中 北京電視台春晚新聞發布會（2017 年 1 月 5 日）
下 參加《國家寶藏·故宮博物院》錄制（2017 年 11 月 1 日）

　　過去我們從事歷史研究、考古研究、博物館管理，往往把身邊的文化遺產看作是遠離當今社會的「過去的東西」，它們只是被觀賞、被研究的對象。但讓文物「活起來」，需要讓文物重回人們的生活。只有讓人們感受到這些文物對現實生活的意義，人們才會真正地呵護文化遺產。文化遺產才會有尊嚴、有魅力，而有尊嚴和魅力的文化遺產才能成為促進社會發展的積極力量。當文物成為促進社會發展積極力量的時候，才會惠及並感召更多的民眾，讓更多的民眾加入到文化遺產保護的行列，這才是一個良性的循環。

　　在我看來，定義一個好的博物館，不是建一個高大的館舍，而是一定要深入挖掘其文化資源，凝練出文化能量，舉辦好的展覽、活動，讓人們在生活中感受到博物館對自己現實生活的意義。人們閒暇的時候願意走進博物館；走進博物館還流連忘返，久久不願離去；回去以後還念念不忘、一來再來的博物館，才是一個好的博物館。

　　「門」字裏面寫一個「活」字，成為「廣闊」的「闊」，這是大家都知道的一個典故。在故宮博物院工作了 7 年多，我這個「看門人」所做的一切，都是為了將「活起來」的「活」字寫入故宮的大門，讓故宮文化遺產資源走近人們的生活，走向更廣闊的空間。

單霽翔

2020年3月二6日

 接受媒體採訪（2012 年 2 月 14 日）

 在辦公室
（2012 年 3 月 10 日）

 考察十一黃金周觀察接待環境
（2014 年 10 月 6 日）

 故宮貓
（2014 年 4 月 7 日）

要把一個壯美的紫禁城
完整地交給下一個600年

壹

這裏有多個名稱，代表着不同的身份。

首先它叫紫禁城，是明、清兩代的皇宮，是世界上最大規模、最完整的古代宮殿建築群。

第二個名字叫故宮。1912 年 2 月清朝宣統皇帝宣佈退位，因此有了故宮這個名稱。今天在這裏保存着歷代文物藏品，成為世界上收藏中國文物最豐富、最珍貴的一座寶庫。

第三個名稱來得更晚，1924 年在馮玉祥發動的「北京政變」中，末代皇帝溥儀被驅逐出宮。從 1925 年 10 月 10 日開始，這裏又有了一個新的名稱──故宮博物院，成為一座對社會開放的公共文化設施。今天更成為世界上每年接待觀眾數量最多的博物館。

自明永樂十八年（1420 年）建成算起，到 2020 年，紫禁城已有 600 年的歷史。「要把一個壯美的紫禁城完整地交給下一個 600 年」，這是我們對社會的莊嚴承諾。

前仆後繼：歷代「故宮人」的努力

　　一項事業要一代一代做下去，每一代都應該為後任的工作開展打下基礎。這就是我所理解的「前仆後繼」。故宮博物院成立於 1925 年，在近百年的發展中歷經滄桑，發展到今天，能呈現出如此輝煌蓬勃的樣貌，正是基於每一任院長和全體「故宮人」的不懈努力。

　　故宮博物院的第一任院長是易培基先生。

　　1924 年 11 月溥儀被驅逐出宮後，北洋政府下令成立清室善後委員會，李石曾擔任委員長，易培基先生為委員，負責接收故宮。易培基先生主持完成了故宮博物院的籌建工作，並於 1929 年 2 月被國民政府正式任命為故宮博物院首任院長。

　　在他擔任院長的 4 年間，故宮博物院各項業務走上了正軌。他調整故宮博物院的組織機構，延聘著名專家、學者到院工作，整理、劃分院藏文物與非文物，首次提出《完整故宮保管計劃》。各種專題陳列室被開闢出來，古建築得以整修，書畫新庫也興建起來。他還創辦印刷所，出版圖書，創辦《故宮周刊》，又陸續出版《故宮月刊》《故宮旬刊》等四五種期刊。在他的主持下，宮殿修葺、陳列展覽、藏品保管及分類編目、文獻整理及彙編出版、版本鑒定及編目、分類書庫等各個方面都取得了比較突出的成就，故宮博物院有了較大的發展。1933 年，日軍攻陷山海關，國寶遷移被提上議事日程。易培基先生主持籌劃了珍貴文物避敵南遷工作，為下一任院長的工作打下了基礎。

　　故宮博物院的第二任院長是馬衡先生。

　　馬衡先生是近代中國博物館事業的開拓者，也是故宮博物院事業的奠基者。早在 1924 年 11 月，他就受聘擔任清室善後委員會顧問，參與清宮物品點查，籌建故宮博物院。他在故宮博物院工作長達 27 年，其間作為故宮博物院第二任院長，執掌故宮博物院 19 年。

　　他親歷了故宮博物院的創立和早期發展，是院史上一位功績卓越的領導者。1925 年故宮博物院創建之初，馬衡先生擔任故宮博物院理事會理事、古物館副館長。他借鑒在北京大學的工作經驗和方法，實際主持了古物館的日常工作。他起草了《故宮博物院古物館辦事細則》，規範文物保管規章和提用流程，同時帶領古物館同人開展文物審查與鑒定，並親自主持了銅器類文物的審查。這次審查是對院藏文物第一次較為系統的審查與鑒定，對相關文物的研究和展示起到了十分重要的作用。1931 年「九一八」事變後，故宮博物院奉命南遷文物。馬衡先生帶領古物館同人全力投入文物的裝箱工作。從沉重而珍貴的石鼓，到輕薄而脆弱的書畫，文物以及檔案 13 427 箱又 64 包，在夜以繼日的工作中有條不紊地被安全裝箱，陸續離開北平。

　　他的歷史功績主要歸納為兩點：一是抗戰時期護寶南遷和回歸，二是解放戰爭時期護寶拒遷。

　　1933 年 7 月，易培基院長受「故宮盜寶案」所誣而辭職，馬衡先生臨危受命，代理故宮博物院院長，並於次年 4 月實授，負責全院事務。上任伊始，他立即組織開展對故宮博物院留北平文物的清點及南遷運滬文物的點收工作。此時故宮博物院外遇侵略者侵擾，內逢文物遷移的輾轉顛沛，可謂是「危急存亡」之際。馬衡先生於此時掌管故宮博物院，在紛亂的時局裏為護佑國寶殫精竭慮。在他的領導下，故宮博物院的留北平文物和運滬文物得到了妥善的清點並被登記造冊。

　　1937 年「七七」事變後，馬衡先生又組織了故宮博物院南遷文物西遷。他親赴多地考察選址，後又駐守重慶指導各辦事處的工作。在國家

岌岌可危的境地裏，他頑強地守護着故宮這份珍貴的民族文化瑰寶。即使在動盪流離中仍不忘舉辦各類展覽，如赴英參加倫敦「中國藝術國際展覽會」，赴蘇聯參加莫斯科「中國藝術展覽會」等，以傳播民族精神，彰顯中國抗戰決心。抗戰勝利後，他主持故宮博物院東歸南京工作。故宮博物院的文物陸續北返，他開始接收清宮散佚文物、組織陳列展覽，博物館業務逐步恢復。

1948 年，國民黨要將故宮博物院南京分院與北平故宮本院的文物運往台灣。馬衡先生對裝箱工作以「不要慌，不要求快」為由，拖延時間。最終，北平本院的文物一箱也沒有被運走。

中華人民共和國成立後，馬衡先生繼續留任院長，引領故宮博物院邁進了新的時代。

1952 年，年逾七旬的馬衡先生離開了故宮博物院。也正是在這一年，他將其所藏甲骨，碑帖等 400 餘件珍貴文物捐贈給了他為之傾盡畢生心血的故宮博物院。

最令我動容的是，在生命的最後時刻，馬衡先生仍靜心於漢魏石經的整理研究。待郭沫若先生送來銅器拓本，他又全然不顧病痛，欣然對勘考證，以致病情加重。而在他去世後，子女又遵其遺願將家中萬餘件拓片、書籍悉數捐贈給故宮博物院。斯人雖已遠去，但他的品格與胸懷卻已融入故宮精神，成為惠及後世的寶貴財富。

故宮博物院的第三任院長是吳仲超先生。

吳仲超先生是一位久經考驗的革命家。在解放戰爭時期為黨和人民徵集保存了大量的珍貴文物。1954 年，中共華東局撤銷，他來到故宮博物院主持院務工作。自此，他為故宮博物院在新時期的轉型和發展披荊斬棘，無論是在社會主義建設初期還是進入改革開放時期，均取得了卓越的功績，經受住了歷史的考驗。與他共同奮鬥的一代「故宮人」在開創故宮博物院事業新局面的同時，也創造和積累了豐富的精神財富，形

成了兼具時代共性和故宮博物院特色的優良傳統。

在他上任之初，故宮博物院雖經中華人民共和國建立初期五年的發展，但突出問題也不少。為改變故宮博物院「垃圾成山」的環境面貌，他借助文化部和解放軍的支援，開展了一場大掃除。據統計，這次對故宮的衛生大掃除，共運出垃圾，積土和亂磚等約 25 萬立方米。同時又組織人力疏浚故宮河道，修繕河牆，綠化環境，改變了故宮博物院的院貌。20 世紀 60 年代溥儀來院參觀時對故宮的衛生環境贊歎不已，可見該項環境治理工程的必要和成效。

在任 30 年間，吳仲超先生始終立足故宮博物院現狀，堅持從實際出發，先調查研究查找突出問題，再經研究討論形成解決方案，然後有計劃，有步驟，有針對性地開展工作。這種勇往直前的革命精神和實事求是的管理方法值得我們學習和借鑒。針對「問題多」的現狀，他抓住管理體制改革這一關鍵環節，率先對機構設置進行調整和完善。在原有保管部、陳列部、群工部以及幾個專門委員會的基礎上，增設學術、編輯出版、文物徵集、文物審查、文物鑒別、文物修復等委員會，並增設古建修繕處、研究室、紫禁城出版社等業務部門。同時，着力推進故宮博物院古建修繕、文物保管、陳列展覽和學術研究等各項工作的專業化進程。而且為配合機構的發展，不斷修訂和完善規章制度，不斷加強和完善人員配備和人才建設。

吳仲超先生在古建保護、文物保管和陳列展覽業務、人才管理方面所做出的一系列探索，都是具有開創性意義的，為日後故宮博物院的總體發展和具體業務奠定了基礎。

在古建保護方面，20 世紀 50 年代，故宮博物院明確了「着重保養、重點修繕、全面規劃、逐步實施」的修繕保護方針，以及「以預防為主，以防火為重點」的安全保護方針。截至「文化大革命」前，完成了一大批重點修繕工程。20 世紀 70 年代，又大規模修繕了中軸線前三殿、後三殿

❖ 看望張忠培先生（2014 年 1 月 29 日）

高等院校的專業人才。以 1988 年為例，故宮博物院共錄用 8 位碩士研究生和 4 位本科生，這批職員大多來自北京大學、吉林大學、中國人民大學、中國社科院、中央美術學院等高等院校和科研機構，其專業主要集中於歷史、考古和美術史等相關專業。經過多年的培養和成長，目前這批職員多數已成為中國文博領域的知名學者或文博單位的領導者。他從完善學術機構設置入手，開始實行專業技術職務任命制，並做了許多具有開創性的工作：設立故宮博物院學術委員會，並取得審批文博系統正、副高級專業職務的資格；推動研究室職能改革，將科研、科研管理和學術委員會辦事機構三個職能集為一體；加強宮廷歷史研究，組織國際學術會議，推動業務工作、學術研究和文化交流之間的聯繫。他從編制中長遠規劃入手，確立辦院方針、原則和目標，並注重各部處具體規劃與全院總體規劃之間的配合與協調。《故宮博物院七年發展規劃 (1989—1995 年)》從全國重點文物保護單位及世界文化遺產保護與發展的視角，對故宮博物院各項主要業務進行規劃設計。

在長期對故宮博物院發展方向的思考中，在關注全國文物保護工作的實踐中，張忠培先生又提出了「完整故宮、安全故宮、歷史故宮、學術故宮」的概念，為故宮博物院的長遠發展指明了方向。

「不謀萬世者，不足謀一時；不謀全局者，不足謀一域」。張忠培先生以考古學家的科學態度和嚴謹作風為故宮博物院的全局性發展謀篇佈局，為故宮各項事業的發展奠定了堅實基礎。

故宮博物院的第五位院長是鄭欣淼先生。他是我的前任院長。

為了更好地保護故宮，2001 年 11 月 19 日，國務院召開「關於研究故宮古建築維修和文物保護有關問題」會議，決定「整體修繕故宮」，這為故宮古建築的完整保護提供了新的契機。在這一背景下，鄭欣淼於 2002 年 10 月受命任文化部副部長兼故宮博物院院長，全面主持故宮博物院各項事務。

　　鄭欣淼先生對如何認識故宮的價值和故宮博物院的內涵進行了研究與闡述。2003 年 3 月，在上海博物館舉辦的國際博物館館長高層論壇上，鄭欣淼先生做了題為「故宮的價值和故宮博物院的內涵」的講演，從文物理念提升、古建築價值判斷、宮廷文化挖掘以及非物質文化遺產傳承四方面梳理總結了故宮博物院近 80 年的歷史經驗，並以此為基礎明確了故宮博物院的定位：故宮博物院不只是中國最大的文化藝術博物館，而且是世界上極少數兼具藝術博物館、建築博物館、歷史博物館、宮廷文化博物館等特色，且符合國際公認的「原址保護」「原狀陳列」基本原則的博物院和文化遺產。這一定位為故宮博物院的發展確定了方向，規劃了重點。

　　此後，鄭欣淼先生繼續對故宮價值和故宮博物院內涵進行思考和探討。2008 年 4 月 24 日，《光明日報》刊載了《故宮的價值與地位》一文，這是他在主持故宮博物院五年工作經驗基礎上對故宮價值和故宮博物院內涵進行的理論總結。他從「作為皇宮的故宮」「作為博物院的故宮」「作為世界文化遺產的故宮」「故宮學視野下的故宮」等四個角度梳理了認識故宮價值的四階段，進而從「皇家收藏的國寶意義」「故宮博物院的國家象徵」「文物南遷的民族記憶」以及「一宮兩院的人文格局」等方面闡述了故宮文物的歷史價值和文化意義，最後指出應以文化整體觀看待故宮的建築群、文物藏品和宮廷歷史遺存。這些思考和總結不僅有助於更全面地看待故宮的價值，也為故宮博物院與台北故宮博物院開展交流合作找到了聯繫紐帶，更為流散於海外的清宮舊藏找到一個學術歸宿。

　　十年裏，組織和實施好故宮古建築修繕工程一直是故宮博物院事業發展的重中之重。為了故宮古建築修繕工程的順利進行，故宮博物院克服重重困難，不斷探索實踐，最終取得了驕人的成績，對我國乃至世界文化遺產保護領域產生了深遠影響。

在組織實施故宮古建築修繕工程的同時，鄭欣淼先生緊迫地感覺到必須對故宮博物院的文物藏品進行一次大規模的清理。因為，文物藏品是博物館賴以存在以及開展業務活動的基礎，藏品質量的高低和數量的多少是衡量一個博物館地位及其作用的主要條件。弄清楚文物藏品的種類和數量，才能進行有效的保護，才能進行深入的研究，這是博物館事業發展的首要基礎，也是故宮博物院邁向世界一流博物館進程中必須做好的重要任務。為此，他深入庫房，查閱檔案，撰寫了 9000 餘字的《關於故宮博物院徹底清理文物藏品的研究報告》。該報告系統梳理了自 1924 年清室善後委員會點查清宮物品以來的四次文物大清理，客觀分析了進行徹底清理文物藏品所具備的條件，規劃了徹底清理文物藏品的九項工作，並提出了將文物藏品清理工作與提升文物管理水平相結合的四點要求。

2004 年 10 月，故宮博物院編制了《故宮博物院 2004—2010 年藏品清理工作規劃》，計劃用七年時間對全院藏品及所有庫房宮殿進行一次全面徹底的清查和整理，並開列了文物清理的工作內容和時間進度。截至 2010 年年底，故宮博物院完成了在冊 94 萬餘件文物的賬、卡、物三核對，完善名稱、定級、計件及統計工作；完成了對在冊或不在冊文物資料進行整理，予以登記、造冊，以及 180 122 件資料提升文物的工作。值得一提的是，此前院藏古籍、善本、書版等一直沿用圖書館的保管方法，未對其進行文物定級，也未按照文物要求加以管理。在此次文物清理過程中，圖書館對其管理的 19 個庫房共計 603 061 餘件（冊、塊、幅、包）藏品進行了徹底清理，共計整理文物 564 713 件、資料 38 348 件，並按照文物要求完成了相應賬目的編制和錄入工作，包括對近 20 萬冊古籍善本、特藏及院藏 20 多萬塊珍貴書版的整理、核對、定級、編目、登錄工作。這是自 1925 年故宮博物院圖書館建立以來最全面、最徹底的一次大清點。

經過七年清理核對，故宮博物院完成了「摸清家底」的任務。據統計，故宮博物院有珍貴文物 1 684 490 件（套）、一般文物 115 491 件（套）、標本 7577 件（套），共計 1 807 558 件（套）。其中珍貴文物佔全院文物總量的 93.2%，佔全國公藏珍貴文物總量的 41.98%。七年文物清理，是故宮博物院開展的一項關於如何加強文物藏品保管能力、如何提高文物藏品利用水平的基礎工作。七年文物清理，又是故宮博物院發起的一場關於如何看待文化遺產、如何認識故宮價值的理念創新。

從館舍面積、藏品數量、觀眾數量等方面來看，故宮博物院可與盧浮宮博物館、大英博物館、大都會博物館和克裏姆林宮等世界著名博物館相比。但從國際影響力來看，外人往往只知道故宮，卻並不了解故宮博物院。為改變這種局面，鄭欣淼院長帶領故宮博物院進行了大量具有創建性的工作：以「文明對話」為橋樑，逐步打開與世界一流博物館展開交流合作的途徑；以「皇家文化」為主題，不斷提升故宮文物展覽的品質與內涵。與世界著名博物館簽署戰略合作協議，實施互換展覽、人員互訪和項目交流等活動；與國家外交政策及文化戰略實現對接，發揮故宮文物展覽在弘揚中華文化藝術和提升中國軟實力上的作用；與文物藏品構成特色、形成契合，不斷提升故宮文物展覽的品質、規模和影響。

由於歷史的原因，故宮文物分隔海峽兩岸，並由兩個故宮博物院分別保管，形成了「一宮兩院」的格局。但是兩個故宮博物院都在挖掘故宮文物的歷史文化內涵，以及推廣中華文化藝術方面做出了不懈努力，並在國際博物館界享有盛譽。基於雖有兩個故宮博物院但只有一個故宮的中華民族文化認同感，也基於兩個故宮博物院館藏文物根出一源的事實，他在任內為推進與台北故宮博物院交往與合作做了大量工作，並取得了突破性成果。

❈ 與張忠培先生、鄭欣淼先生在一起（2016 年 10 月 8 日）

❈ 與鄭欣淼院長（前排左一），張忠培先生（後排左一）一起參加故宮大高玄殿修繕工程開工儀式

在故宮博物院院長任內，鄭欣淼先生的另一項開創性工作是倡導「故宮學」，並不遺餘力地進行故宮學的理論探索與實踐推廣。「沒有理論指導的實踐是盲目的實踐，不能應用的理論也不是真正的理論。」正是秉持這種精神，他對於故宮學的探索與建構，不局限於純粹的理論內容，而是建立在對故宮價值和故宮博物院內涵的深刻認識之上。因此，在鄭欣淼先生看來，故宮學不僅是一門學科、一種學問，而且是認識故宮價值的一個理念、指導故宮保護與博物院發展的一種方法。在闡釋故宮學的學術理念、建構故宮學學科體系，以及總結故宮學理論方法的過程中，鄭欣淼先生從多個層面積極推進故宮學學術平台的建設：設立研究機構，拓展故宮學學術研究平台；創設《故宮學刊》，建立故宮學學術傳播平台；重視書籍出版，提升故宮學文化推廣平台；聯合高校辦學，建立故宮學人才培養平台。

在故宮博物院工作的十年間，鄭欣淼先生始終堅持以歷史的分析態度，辯證地看待故宮博物院的歷史經驗，並形成其對故宮價值和故宮博物院內涵的判斷以及故宮博物院管理理念的轉變。基於對故宮文化整體性這一基本認識，他為故宮博物院規劃了兩條發展道路：以完整故宮保管理念指導文物保護及博物院管理的發展道路，在故宮學框架內推動學術研究及建構學科體系的發展道路。

總而言之，作為一院之長，鄭欣淼先生長期對故宮價值和故宮博物院內涵所進行的探索與闡述，不僅為故宮博物院的內部工作明確了內容和方向，也為故宮博物院的事業開拓了視野和領域。他身上這種敏銳的洞察力和睿智的判斷力，既得益於他長期積累的工作經驗，也依賴於他持之以恆的研究態度。作為當代中國的一名政府官員，他長期從事文化工作，積累了大量經驗，因此對故宮博物院的使命和功能有着準確的判斷力。作為當代中國的文化學者，他一直筆耕不輟，在文化政策、文物保護及博物館研究方面積累了相當多的研究成果。這些研究成果多數是

對其工作的理論總結,具有很高的理論和實踐價值。

鄭欣淼院長擔任故宮博物院院長的十年,我正好做了十年的國家文物局局長。鄭院長當時老打電話給我,說文物局下屬的單位還沒有從故宮搬走。我雖然是局長,要落實這項工作也很艱難,但我還是努力爭取落實。萬萬沒想到,最後一家單位搬出故宮後的第二年,我就到故宮博物院當院長了。所以,我的體會是很深刻的、很具體的。我常拿這個例子開玩笑說,原本是替人解難,最終好事竟然落到了自己頭上,看來以後更要多做好事。

除了歷任院長,我們還有最為可愛的「故宮人」。

故宮博物院有方方面面的人才,安全保衛、觀眾接待、藏品保管、業務研究、公眾教育、文創開發等各領域工作人員,支撐和維繫起一座博物館正常有序的運轉,使觀眾能夠在博物館感受舒適的參觀體驗和服務。在故宮博物院裏工作的人都有一種稱作「故宮人」的自覺,他們比一般人具有更加警覺的安全意識,對故宮有一種強烈的責任感和使命感,更重要的是,他們都對故宮博物院有着深沉的、難以割捨的感情。

從 1925 年建院到現在,「故宮人」經歷過戰亂的年代,也經歷着和平的盛世。但無論是戰亂還是和平,「故宮人」都致力於對文化遺產的保護、研究與傳承。

我覺得,作為一名「故宮人」,每天在這座活着的文化之城、歷史之城的浸染中,在代代相傳、曆久彌堅的故宮精神的滋養中,自然而然就會帶有它的氣息,讓我們無論在何時何地,都會不自覺地透露出「故宮人」特有的氣質。這是我和很多「故宮人」都深切感受到的奇妙體驗,是我們的驕傲,更是責任所系、使命所在。

看護好故宮博物院的文物珍品,看護好故宮的古建築群、看護好故宮世界文化遺產,傳承和發揚「故宮精神」,這是我們每一代「故宮人」的職責所在,也是永恆的使命。紫禁城已經走過了 600 年歲月,積累了

豐富的文化瑰寶。保護之餘，我們希望能夠用人們喜聞樂見的方式展示和解讀傳統文化，期望與觀眾的互動，讓沉睡的文物「活起來」，為廣大民眾服務；我們希望把故宮博物院所擁有的優秀文化資源分享給公眾，把故宮博物院蘊含和代表的優秀傳統文化留給年輕人，留給未來。鄭欣淼先生曾將「故宮人」的核心價值理念，即「故宮精神」的內涵概括為五個方面：典守珍護、敬業奉獻、弘揚服務、開放創新、奮發和諧。核心是「以國寶為生命」，以銘記、傳承老一輩「故宮人」愛國敬業、艱苦奮鬥、無私奉獻的優良傳統、號召廣大「故宮人」始終保持對故宮文化遺產保護事業的強烈責任心和高度使命感，以良好的工作作風為故宮博物院事業發展再創輝煌奠定基礎。一代代「故宮人」將這種「故宮精神」不斷豐富、傳承，指引故宮博物院的發展方向。正是有了眾多的這樣的「故宮人」，才有了故宮博物院的今天。

故宮博物院有代表中華五千年文明的文物藏品，有 600 歲高齡的紫禁城宮殿，並即將迎來建院百年。在這樣一座博物館面前，我們只是年輕人。前文講到，我們的責任就是看護好故宮博物院的文物藏品、看護好故宮的古建築群、看護好故宮世界文化遺產，讓它們風采依舊、流傳百世。這是每一任故宮博物院院長，乃至每一位「故宮人」的歷史職責，也是我們的榮幸。

從「平安」到「點亮」：為了故宮的
下一個 600 年

2018 年的一場大火，巴西國家博物館 90% 的文物被燒毀了。2019 年的一場大火，世界文化遺產巴黎聖母院遭到重創。這都是人類文化的災難。作為公共文化設施，博物館做一切事情最重要的前提就是確保安全，既要保證觀眾的安全，也要保證文物的安全。

巴西國家博物館是現代建築，巴黎聖母院是磚制建築，它們都發生了火災，而故宮博物院是 1200 幢木結構的古建築，防火的壓力可想而知，可以說世界上沒有一家博物館能夠比得上。1987 年，景陽宮被雷擊中了，局部建築燒掉了，這是永遠的痛。

除了防火，還有一個非常嚴峻的安全挑戰就是防盜。故宮曾六次被盜。最近的一次是 2011 年，有人潛入故宮，把一些展品偷走了，引起了很大的社會反響。而我就是因為那個小偷才來做的「看門人」。我到任的時候，已經 58 歲了，我想只能再幹兩年，按照規定就要退休了，沒想到一幹就幹了七年零三個月。

到任後，我們分析故宮到底存在什麼隱患。我們進行了五個月的安全隱患排查，走遍了故宮 9371 間古建築和現代庫房、臨時建築，對每個房子都進行了登記、拍照，找安全隱患，並編制了一套「平安故宮」工程文本。裏面詳細記錄了查到的七項隱患：火災隱患、盜竊隱患、防震設施不健全、文物腐蝕的隱患、庫房存在的隱患、市政基礎設施的隱患、可能發生的觀眾踩踏隱患。這七項隱患客觀存在，上報國務院以後，我們很快獲得批准，啟動了為時八年的「平安故宮」工程。

首先，建立了強大的新的安防系統，建立了五個中控室，裏面有 65 面大屏幕，連接着 3300 個高清晰的攝像頭。

如果說新建一個現代化的博物館，有一個中控室、幾百個攝像頭就夠了，那麼故宮這麼大的面積，這麼複雜的地形、地貌，就需要更加強大的安防系統。我們加強了對故宮世界文化遺產的監測，動態的、靜態的、物質的、非物質的、可移動的、不可移動的、24 小時進行監測，還在展台、展櫃下面做了防震的設施，加強防震。

特別是我們把所有的文物都裝入囊匣，再裝入密集櫃，把它們更加妥善地保護起來。同時合理布置高壓消火栓的位置和數量，並配備必要的防雷設施。

在平緩開闊地方，雷會經常「光顧」，因此要不斷地提升防雷設施的水平，增加日常的監測頻率。消防裝備也是必要的設施，我們研發先進的、大型的消防裝備，同時因為故宮裏有很多小巷、小庭院，大型的消防裝備無法進入，因此還研發了很多專用的小型消防裝備。年輕員工一代一代組成了義務消防隊，經常進行集訓，全體員工都要參加消防運動會，進行消防技能演練，提高消防意識。

❖ 消防演習（2016 年 10 月 10 日）

同時，每年我們都舉辦大型的消防演習。在「實戰演習」中演練一旦發生火災，如何把「傷員」和「文物」及時搶救出來。除了消防戰士要演習，機器人也要演習，做到能夠準確地沖入火海，先把明火滅掉。這些演習使我們能夠時刻保持戰備狀態。

但更重要的是要預防性地保護。我們應該把故宮博物院清理得乾乾淨淨，消除所有的安全隱患。為此我們啟動了為時三年的環境整治。故宮博物院的員工經過三年艱苦的努力，對室內十項內容、室外十二項內容進行了整治。

室內：

（1）清理那些還沒有登記的、散落在各個房間的文物。因為有些不好編目，有些沒有確定類別，都堆在各個房間，堆了很長時間，沒有進入館藏，所以要把這些文物清理出來。

（2）清理散落的古建築附屬構件。一些漢白玉構件已經嚴重風化，一些簾子墜已經鏽蝕，一些銅門釘、鐵門閂堆在一起，既沒有得到保護，又佔據很多室內空間。這些構件經過清理，應該包裝存儲的就保管起來，可以繼續使用的就合理利用起來。

（3）清理門窗。從前卸下的很多門窗堆放在通道和室內，沒有把它們當作文物，其實它們是古建築非常重要的組成部分，於是我們建立了古建築館，把它們修好以後進行展示。

（4）清理箱子。200多個房間都堆着大箱子，其實箱子裏面什麼都沒有，就是因為20世紀八九十年代建了兩期地下庫房，把箱子裏面97萬件文物拿出來存入了地下庫房，箱子就放在各個室內，樟木的、紫檀的、皮革的，它們也是很好的文物，帶着歷史信息，應該很好地保存。我們建了三個大型庫房存儲箱子，然後把200多個古建築騰出來。

（5）建立織繡庫房。炕上、地上堆的那些被子、褥子、毯子、氈子、門簾子，這些都是古人使用過的東西，一直堆在那兒。因為不能帶

菌收藏，我們把幾十個屋子裏面的織繡進行了熏蒸，建了大型的織繡庫房保存起來，又騰出好多房間。

（6）清理展櫃等展覽設備。以往一些展覽結束以後，就把展櫃，展具等往空屋子裏一堆，加以存放，時間長了早已被遺忘，隨着展覽水平的提升，這些展具也不可能再使用，但是佔用了很多空間，清理以後騰出了大量房間。

（7）清理雜物。敝帚自珍，使用過的一些凳子、椅子、桌子、沙發、運動器材，捨不得處理，佔了很多空間，時間長了逐漸失去了利用價值。但是畢竟是國有資產，不能隨意處置。於是把這些物品集中在英華殿北側的庭院裏，各單位前來挑選，需要的話登記領走。結果沒有單位領走，也就只好辦理手續進行處理，又騰出不少房間。

（8）清理多年沒人進去的房間。這些房間的地上積下厚厚的浮土，存在非常嚴重的安全隱患。同時對古建築保護，特別是地面保護也非常不利。現在我們把它們都收拾得乾乾淨淨，逐步實現開放或合理利用起來。

（9）清理不可移動的家具。這些家具與古建築連在一起，數量最多的是牀具，即古代人睡覺的炕，常年閒置在那裏，有的已經糟朽，有的牀具上面堆着一些東西，有的牀具上面還鋪着古時的炕席、褥子，但是缺乏維護。現在我們把這些與建築連在一起的家具修復好，條件具備時進行原狀陳列。

（10）清理掛屏和貼落。在不少房間內的牆上有遺留的書法、繪畫作品，具有珍貴的歷史和藝術價值，但是為了保持原狀，都沒有取下來專門保管。實際上這些書畫作品壽命較短，不應長期保存在原處。於是，我們將文物書畫進行修護，將高仿複製書畫長期陳列。

經過三年大清理，把幾千間房子清理得乾乾淨淨，為如今故宮開放區域達到 80% 打下了基礎。

相比室內清理，室外的清理更加艱苦，我們進行了 12 項清理：

（1）清除火災隱患。一些非開放區的堆積着樹枝、樹葉、雜物，是非常嚴重的火災隱患，經過全員大掃除，已經全部清理乾淨。

（2）清理地面雜草。故宮老員工很有經驗，說走進雜草前要大喊兩聲，讓小動物先跑，再進去。這樣我們把沒膝的雜草進行了清理。

（3）清點石刻構件。以往古建築維修後，石刻構件堆放在院子裏，日積月累幾十個院子都堆着石刻構件。我們把這些石刻構件清點出來，在東華門下建起了石刻構件保護展示園區，把它們展示出來，觀眾可以參觀，專家可以研究。

（4）清理室外雜物。一些屋簷下、通道內常年堆放着雜物，可能很早以前就堆在那兒了。我們把這些都給清理乾淨。慈寧宮花園東側的廣場上堆放着大量雜物，如今騰出的空地用於舉辦春天的牡丹花展、秋天的菊花展等室外展覽，成為觀眾喜愛的參觀場所。

（5）清除屋頂雜草。古建築屋頂上長了好多雜草，這些雜草把根紮進瓦裏面，瓦被拱鬆動了，雨水灌進去，屋架就會糟朽。我們下決心向雜草宣戰，用了兩年的時間來清除雜草。今天故宮城牆也開放了，大家站在城牆上就會發現，紫禁城 1200 棟建築上面，沒有一根雜草。

（6）整治裸露電線。很多火災是由於電線、電器漏電引發的。過去電線、電器安裝不規範，存在嚴重安全隱患，為此進行了集中清理整治。

（7）清理市政管線。明清時期，紫禁城裏當然沒有市政管線，也就沒有它們的路由。今天作為現代化的博物館，需要安裝電力、電信、上水、下水、熱力，以及大量消防、安防等各類管線，於是長期以來，市政管道穿越紅牆，穿越古建築，在內金水河上有數百根市政管線橫跨河道兩側，粗粗的熱力管道則佔據一些古建築通道，這是非常尷尬的狀態，既不能開挖古建築牆根把它們埋在下面，又不能將它們架在空中。為了解決這個「老大難」的問題，我們前後用了兩年半的時間，反覆設

計與論證，最終獲得了批准，我們採取盾構的方式，在宮牆以外遠離古建築的位置，在地下 8 米到 14 米的地方，躲過文化層，建設兩個斷面上千米的市政共同溝，把各類管線全部入地，再也不用開挖故宮內的地面，再也不用穿越古建築。

幾年來，故宮博物院白天正常開放，夜間卻在施工。往外運土，往裏運材料，每天早上清掃場地，乾乾淨淨迎接觀眾參觀。

（8）提升廣場地面。明清時期紫禁城內建設了完善的排水系統，因此長期以來「故宮不積水」成為值得驕傲的話題。但是，由於過去一些

※　考察院內環境（2014 年 12 月 30 日）

廣場地面用水泥磚鋪裝，沒有做好排水，下雨後還是會造成積水。還有的廣場上埋設市政管道以後用水泥一抹，好似在地面上打了補丁，坑坑窪窪。針對這些問題，我們重新做好排水，並用磚、石等傳統建材把地面做平。故宮博物院可以驕傲地對社會宣佈，北京地區無論下多大的雨，紫禁城內都不會積水。

（9）改善保護措施。一些開放區域的保護設施不講究，例如在御花園裏，為保護盆景、石雕，用銅欄杆、鐵欄杆圍住，地面是裸露的土地，一旦颳風的時候，灰塵瀰漫。於是，我們把這些銅欄杆、鐵欄杆拆掉，再用綠植把地面封護起來，這樣不但保護了盆景、石雕，而且維護了地面，也使整個御花園的景觀環境得到了改善。

❖　考察院內環境（2017 年 5 月 29 日）

（10）提升施工環境。施工單位在施工的時候將施工場地用鐵板一圍，絲毫不顧及與周圍環境是否協調。於是，故宮博物院統一設計了施工圍擋。例如在修復地面時，使用空透的圍擋，人們可以了解施工的狀況，同時用圖版向觀眾展示正在使用什麼樣的工藝、工具來進行維修保護，普及文物保護知識。

（11）「去商業化」。長期以來，觀眾集中走在故宮中軸線區域，於是太和門、乾清門、隆宗門、景運門等門洞內都有經營銷售設施，嚴重影響了人們觀賞壯美古建築群的效果和感受。例如人們來到乾清門，自動講解器就會告訴觀眾，這裏是清代皇帝每天上早朝的地點，但是觀眾向西側一看是故宮商店，向東側一看也是故宮商店，如何體會歷史情境？於是我們進行了整治，恢復了歷史原貌。再如隆宗門曾經是觀眾餐廳，冬天冷、夏天熱，霧霾日子來了更不衛生。於是我們進行了整治，開放了隆宗門。再有就是御花園，觀眾來到這裏已經累了、渴了，於是商店裏就賣漢堡、烤腸、爆米花等食品，人們購買以後就地吃喝，一到中午御花園就像是個大餐廳，空氣中瀰漫着烤腸和爆米花的味道，觀眾難以體驗古典園林的意境。為此，我們把經營食品的項目全部撤離了御花園區域，恢復了古典園林往昔的文化氛圍。

（12）清理臨時建築。幾十年來，故宮博物院內積累下來歷年建設的135棟臨時建築，其中最危險的有59處彩鋼房。這種建築兩個星期就可以搭建好，但是其材料不阻燃，一旦着火會迅速燃燒。這59處彩鋼房留在古建築群內非常危險，因此我們先向它們「宣戰」。我和公安部消防局的領導，先把午門雁翅樓下面宣傳教育部的彩鋼房拉倒了，故宮博物院各個部門的一把手都來「觀戰」。之所以這麼做，是因為各部門幾乎都有要拆除的臨時建築，這是個信號，告訴他們回去以後趕快收拾東西，抓緊拆除清理。

　　資料信息部已經使用 8 年的彩鋼房辦公室被拆掉了，行政處 600 人吃飯的彩鋼房大食堂被拆掉了，13 排彩鋼房辦公區被拆掉了，古建部的彩鋼房庫房、宮廷部的彩鋼房庫房區也都被拆掉了。在西部區域，審計室、基建辦公室、預算處 3 個部門辦公的彩鋼房區全部都被拆掉了。2016 年院慶當天大家齊心合力，把南三所內最後一棟彩鋼房拆掉了。

　　更多需要拆除的是臨時建築。例如過去蓋一個車庫，這邊搭在紅牆上，那邊搭在古建築上，需要整治。過去故宮博物院內有職工浴室，職工維修保護古建築後洗個澡，乾乾淨淨地回家。浴室就搭在古建築一側，非常危險，於是我們號召全體員工都回家淋浴，然後把浴室拆掉了。南三所是古代皇子生活的地方，整整齊齊的 9 組院落，綠琉璃瓦非常漂亮，但是這裏一直被 7 棟花房圍繞，幾十年來老員工們都沒有看到過南三所是什麼樣子。於是故宮博物院在海淀區的西北旺鎮建設了故宮古典花卉養植中心，蓋了溫室大棚，然後把花卉集中在那裏養殖。初春的時候花卉被送到故宮各個庭院，深秋的時候又把它們送回花卉養植中心。在此基礎上，拆除了花房，人們終於看到久違的南三所景觀。

　　最為艱苦的是對三處最髒亂差的環境進行的徹底整治。這三處分別是西河沿區域、南大庫區域和內務府區域。在故宮裏面為什麼會有這樣髒亂差的環境呢？主要是清朝末年後，中華人民共和國成立之前，故宮古建築失修失管，一些區域古建築損毀後就沒有再修復，變為空地，之後上面堆物堆料，沒有得到合理利用，也存在着安全隱患。

　　（1）西河沿區域。內金水河西側數百米長的地帶，幾十年來在上面堆着很多木材，是木材加工和儲存的地方。我們用三年的時間進行清理以後，地面古建築的景觀得到了恢復，還建成了現代化的故宮文物醫院。

　　（2）南大庫區域。過去這個區域是建築材料存放地點，也是進行材料加工的地方，環境十分雜亂。特別是午門雁翅樓展區開放以後，南大庫區域嚴重影響了故宮景觀。為此，搬遷了南大庫區域的材料庫房，以

及武警食堂、國家文物局文物交流中心庫房，對古建築進行了維修保護和恢復建設，完整修復了歷史景觀。如今南大庫已經成為觀眾喜愛的故宮博物院家具館。

（3）內務府區域。這一區域規模很大，地下是 20 世紀 80 年代和 90 年代修建的地下庫房，地面古建築早已無存，長期以來在這裏搭建大量施工單位的臨時建築，停放施工車輛，堆放搭建施工腳手架用木材和鐵管，進行清理以後，地下部分進行文物庫房擴建，地上逐漸恢復歷史景觀。

總之，在故宮博物院全體員工共同努力下，經過三年艱苦卓絕的環境整治，故宮的面貌從內到外得以全面改觀。

我們終於兌現了一個莊嚴承諾，7 年前故宮博物院對社會宣佈，要「把一個壯美的紫禁城完整地交給下一個 600 年」。我們實現了這一目標。紫禁城是 1420 年在明代永樂皇帝手中建成的，2020 年迎來 600 歲生日。我們希望人們再次走進故宮博物院時，看到的只有壯美的古代建築，沒有任何一棟影響安全、影響環境的現代建築。

❀　故宮井蓋做平後

❀　白天是景觀，晚上可照明

　　但是，作為一名觀眾，走在故宮博物院裏，更加關注的是自己的腳下和周圍的環境，因此不僅需要環境整治，還要進行環境提升。

　　故宮博物院花費了兩年半的時間來提升整體環境。為什麼要用兩年半時間呢？以井蓋為例，廣場上、通道上有許多高高低低的井蓋，人們參觀時還要留神腳下，尤其是殘障人士輪椅、嬰兒輪椅走上去很危險。把井蓋做平似乎很容易，但是真正做起來才知道難度。要做平這些井蓋，先要做好統計，然後進行申報，經過有關市政部門批准，才能把1750個井蓋改換為平平整整的「故宮井蓋」。過去，故宮內道路兩側的綠地用鐵欄杆或綠籬圍起來加以保護，其實這種辦法並不好，由於不便養護，綠地狀況不佳。如今上千延長米的鐵欄杆都被拆除，綠地反倒養護得更好。同時，近年來把故宮內的300根燈杆，也換成了300盞宮燈，這樣白天也是景觀，晚上又可以照明。

　　為了整體提升環境，故宮博物院付出了艱苦的努力。我們體會到，無論是井蓋平整、綠地養護，還是照明改善，都是很簡單的事情，但是

❖　與故宮環衛工人在一起

放大到故宮這個宏大空間裏，就成為不簡單的事情，需要花費很大的氣力，需要持之以恆、鍥而不捨的態度和精神。

良好的環境衛生需要日常保持。過去開放區的地上總是有垃圾：礦泉水瓶、冰棍杆、餐巾紙、廢票根……起初我們每天在故宮裏行走，總要彎腰撿垃圾，從神武門走到午門往往都會彎腰十幾次、幾十次，於是故宮博物院重新制定了招標文件，上面明確規定一片垃圾落地兩分鐘之內，物業公司的員工要負責清掃。這麼嚴苛的條件，還是有公司參與應標，中標的公司是中航大北物業。實施下來，最受益的就是中標公司的物業員工，因為當他們把地面清掃乾淨，地上沒有一片垃圾的時候，就沒有人再忍心扔垃圾。沒有第一片垃圾，就沒有第二片，他們的工作量大大減少了，故宮博物院也實現了整體清潔的目標。事實上，環境是能影響人的，當觀眾進入整體清潔的環境，就會自覺愛護故宮的古建築，愛護這裏的一草一木，不再會有人在紅牆上刻劃，不再會有人攀爬古典園林內的假山。

總之，我們希望通過不懈努力，使人們再到故宮博物院參觀時，看到的是綠地、藍天、紅牆、黃瓦的美景。現在除了藍天在個別的日子裏還沒有實現，其他都已經做到了。近年來在北京看到藍天的日子也越來越多，燦爛陽光下紅牆黃瓦的紫禁城格外迷人，充滿魅力。

但是，故宮博物院還有與其他博物館不同的地方，就是人們從一個展廳到另一個展廳要經過室外的空間，因此室內室外應該是一個連續美好的參觀過程。為此我們也不斷進行環境美化，希望人們在這裏，春天可以看牡丹，夏天可以看荷花，秋天可以看銀杏，冬天可以看蠟梅。到哪兒去找呢？故宮博物院製作了「尋花圖」，當人們打開手機就可以知道什麼花卉在什麼地方開放。

在室內照明方面，我們也有很多心得體會。從前人們抱怨故宮的層層大殿都是黑黑的，天氣越亮裏面越黑，不能把它們照亮嗎？長期以來

總需要耐心地向觀眾解釋，這些宮殿都是木結構古建築，因此不能通電源，殿堂裏面陳列的物品都是古物，特別是紙質的、織繡的物品不能長期燈光照射。雖然這些說法很有道理，但是觀眾確實很不方便，人們站在大殿欄杆外，裏三層外三層，老人往裏面擠，孩子也往裏面擠，每天都這樣，真的不能改變這種狀況嗎？

為解決這一「老大難」問題，我們進行了研發，選擇了 LED 的冷光源。這種光源不發熱，不是一個個燈泡照射，而是一組組光源散射，而且燈具不是掛在古建築上，而是遠離古建築 2.5 米以上，用石質的燈座加以固定，開燈的時候兩側各有一名員工值守。再用測光錶反覆測量敏感部位的光線，保證不超標。我們針對不同的殿堂，設計了不同的室內光線，使之達到最好的視覺效果。

經過前前後後一年半的研發，終於實現了「點亮紫禁城」。如今太和殿被點亮了，過去看太和殿的藻井幾乎看不見，點亮以後看得清楚了。中和殿、保和殿、乾清宮、交泰殿全都被點亮了。這些原狀陳列的殿堂，過去按規定每三個月必須系統除塵保潔一次，但是現在每兩個星期就要做一回。因為觀眾看得更清楚了，不加強保潔就全都「露餡兒」了，這激勵我們把除塵保潔做得更好。

這件事也提示我們，只有人們獲得了文物保護的知情權和監督權，文物才能得到更好的保護。

❖ 點亮後的太和殿藻井

要看你的珍貴文物有多少

貳

在中國，可移動文物分為珍貴文物和一般文物，珍貴文物又分為一級文物、二級文物、三級文物。中國有 5000 餘座博物館，共收藏國家定級的珍貴文物 401 萬件，其中故宮博物院收藏 168 萬件，佔全國珍貴文物的 42%，是中國收藏珍貴文物最多的博物館。

　　世界各地的博物館幾乎都是金字塔型的藏品結構，塔尖是鎮館之寶、珍貴文物，腰身是量大、面廣的一般文物，底層是待研究的、待定級的資料，而故宮博物院是個例外。故宮博物院藏品結構是「倒金字塔」，文物藏品中 90% 以上是國家定級的珍貴文物。

故宮有多少「家底」

　　大家都知道，故宮博物院是座博物館，既然是博物館，那麼就要有自己的館藏文物。故宮博物院不僅有明清兩朝帝王收藏的歷朝歷代的稀世精品，也有故宮博物院建立以後特別是中華人民共和國成立以後新徵集來的散落於各地的稀世精品。所以，一直以來，我們都清楚，故宮的家底相當豐厚。與此同時，新徵集來的文物藏品不斷增加，每年都有所變化。這就需要我們進行清理、整理。

　　文物藏品清理是博物館的基礎工作。故宮博物院的清宮遺物數量巨大、種類繁多、儲存分散，所以徹底摸清文物藏品家底是歷代「故宮人」的不懈追求。

　　早在 1934 年，馬衡院長在呈行政院及本院理事會的報告中就曾明確指出，文物藏品整理「非有根本改進之決心，難樹永久不拔之基礎」。事實上，只要工作秩序正常，故宮博物院的文物清理就一直沒有停止過。歷史上，故宮博物院曾在 1924 年至 1930 年、1954 年至 1960 年、1978 年至 20 世紀 80 年代末，以及 1991 年後，分別進行過 4 次文物清理工作。

　　第一次文物清理後，編纂的 6 編 28 冊《故宮物品點查報告》中，總共登記了 117 萬餘件物品。

　　中華人民共和國成立以後，文物藏品清理工作的任務更為艱巨，除了原有文物藏品外，還要清理包括從其他博物館和文物部門調來的不少文物藏品、大量個人捐贈，以及收集的許多流散在外的故宮舊藏。

到了 1990 年和 1997 年，故宮博物院先後建成了一期、二期地下庫
房，原存放於地上庫房的 90 餘萬件文物藏品陸續搬到了地下庫房，保管
在地面庫房的文物藏品也進行了妥善調整。

2002 年鄭欣淼院長到任後，故宮博物院於 2004-2010 年又開展了
第 5 次文物藏品清理，也是更為全面的一次文物清理工作。這次文物
藏品清理持續了七年，是建院以來規模最大的一次。經過全面系統的普
查整理，故宮博物院的文物藏品數量從近 100 萬件增加到了 1807558
件（套），其中珍貴文物 1684490 件，一般文物 115491 件，標本 7577
件。這是故宮博物院自建院以來，在文物藏品數量上第一個全面而科學
的數字。所以我第一天上任時，就得以知道，故宮博物院的文物數量是
1807558 件。

長期以來，故宮文物藏品的完整信息從未向社會公佈，致使不僅社
會公眾，即使是一些專業研究人員對故宮文物藏品的整體情況也不甚了
解。2010 年以來，在文物藏品清理的基礎上啟動編印《故宮文物藏品總
目》，《故宮博物院藏品大系》陸續分類出版，向社會公開發行，服務於
人們研究和觀賞的需要，踐行博物館公眾教育和社會服務的使命。

經過幾代「故宮人」的努力，故宮博物院文物藏品基本上做到了管
理制度健全、賬物相符、鑒定準確、檔案完善、備案及時、保管妥善、
查用方便，真正做到了實物和目錄一一對應。所以在 2013 年年初，我們
對外公佈了故宮博物院的文物藏品總目，把這份數字和藏品的信息向社
會公開，這對公眾來說是「亮家底」，讓大家知道故宮博物院究竟都有
哪些藏品，同時也是接受社會監督，讓社會評價一下我們的工作；對學
術界、專業研究人員來說，我們公開了故宮博物院的學術資源，這樣就
更方便他們開展各方面的研究。

緊接着，在國務院啟動全國第一次可移動文物普查的背景下，又於
2014 年開展「三年藏品清理」，得到了新的館藏文物數據：

❖　故宮博物院網站上的藏品總目

截至 2016 年 12 月 31 日，故宮博物院文物藏品總數由 1807558 件
（套）上升至 1862690 件（套），其中珍貴文物 1683336 件、一般文物
163969 件、標本 15385 件。

對比 2010 年的數據，文物藏品多了 55132 件。如果按門類分，其
中三類文物藏品增加數量最大，包括：乾隆御稿與尺牘 726 件、甲骨類
文物 16511 件、陶瓷類文物 4425 件、標本 7808 件。它們有些是歷年
新徵集的，有些是各界人士捐贈的，還有相當數量是在藏品清理過程中
新發現的。這 186 萬餘件文物，可以說是體系完備、涵蓋古今、品質精
良、品類豐富。

在參觀過程中，有一些觀眾會有這樣的誤解：故宮文物藏品都是清
朝的。實際上，故宮博物院藏品是各個時期、各個地域的文物匯集，即
使是清朝皇帝的收藏，往往也都是歷史悠久的前朝文物。

186 萬餘件文物以文物類藏品、古建類藏品和古籍文獻藏品為主。
古建類藏品自不必說，以古籍文獻來說，故宮收藏有約 60 萬件古籍文
獻，包括武英殿刻本、元明清佳刻、明清抄本、地方志、宮中特藏、宮
中檔案、內府戲本、民族文字古籍等。這其中有 24 萬件書版非常重要，
所以故宮博物院也是世界上收藏書版文物最多的博物館。

古建類藏品和古籍文獻藏品，加上文物類藏品的 23 個品類，構成
了故宮博物院的全部 25 類藏品。這個分類的方法，既考慮到了藏品的
質地，又考慮到了藏品的用途，它是一種綜合了二者的分類方法，在全
國博物館藏品分類體系中，它的類別數量應該是最為全面的，它的分類
方法應該也是最有特點的。這主要還是因為我們的藏品確實數量非常巨
大，而且種類相當豐富。

23 類文物類藏品

　　文物類藏品有 23 個品類：陶瓷、繪畫、法書、銘刻、青銅器、璽印、織繡、文房用品、家具、鐘錶儀器、琺琅、漆器、雕塑、金銀錫器、玉石器、玻璃器、竹木牙角匏、宮廷宗教、首飾、武備儀仗、音樂戲曲、生活用具、外國文物。

　　（1）陶瓷藏品。故宮博物院是我國收藏陶瓷藏品數量最多的博物館，該類藏品有 36 萬餘件。此外，故宮還收藏有數千件陶瓷方面的實物資料和 3 萬多片瓷片標本，這些標本都是中華人民共和國成立以來故宮研究人員從全國多達 150 多個重要窯口採集到的。可以説，故宮博物院所藏的中國古代陶瓷可謂是自成體系，較為全面地反映了中國陶瓷生產綿延不斷的歷史，尤其是所藏的宋代五大名窯及明清官窯瓷器，無論在數量上還是在質量上均稱得上是世界首屈一指。

　　（2）繪畫藏品。在繪畫方面，我們一共有將近 53000 件藏品，包括《五牛圖》《清明上河圖》《千里江山圖》等傳世名作。故宮博物院的繪畫收藏以明清宮廷舊藏為基礎。清代尤其是乾隆時期，內廷收藏的歷朝名畫數量極大，可謂盛極一時。但隨着清末的社會動盪，一些書畫也隨之流散出宮。這之後，隨着古物南遷，一部分文物被運往台灣省，到 1949 年時故宮博物院所藏書畫已經大為減少。

　　中華人民共和國成立以來，在國家的重視與大力支持下，國家文物局在 20 世紀 50 年代先後通過清查、整理、調撥、接收等各種方式，將收集的書畫作品分數次撥交給了故宮博物院，這其中也包括國家花重金

從境外購回的珍品。許多國內外的愛國收藏家也將祕藏無私捐贈出來，使得故宮書畫館藏大為豐富。同時，故宮博物院通過堅持不懈地收購和徵集，發現並入藏了一大批繪畫精品。加之自 20 世紀 90 年代起逐漸興起了藝術品拍賣，使得一些繪畫珍品在歷經滄桑劫難後終於又回到了故宮博物院。故宮博物院的繪畫藏品水平在全國可以說也是首屈一指，幾乎囊括了中國繪畫發展各歷史時期的名家名品，而繪畫藏品也算得上是故宮博物院藝術藏品的重中之重。

（3）法書藏品。故宮博物院有法書約 75000 件。有的人可能會問，不是一直都叫書法嗎？怎麼又叫它法書？實際上，法書和書法是不同的。法書是對古代名家墨跡的尊稱，包含着書法作品之楷模的意思。在明清兩朝，宮廷內府中集中收藏了歷朝歷代的法書作品，這在康熙時編纂的《佩文齋書畫譜》和乾隆、嘉慶時編纂的《石渠寶笈》三編均有著錄。20 世紀初清帝退位前後，部分法書流散而出。中華人民共和國成立前，一部分法書又被國民黨當局運到了台灣省，現在被保存於台北故宮博物院。

20 世紀 50 年代以來，在政府的關懷和諸如張伯駒、陳叔通、朱文鈞、羅福頤等收藏家的貢獻下，眾多法書精品重回紫禁城，故宮的書法寶庫得以重建。包括神龍本《蘭亭序》《中秋帖》《伯遠帖》等法書精品，成為故宮博物院極其重要的文物藏品。

（4）銘刻藏品。有文字的文物比沒有文字的文物更加珍貴，因此故宮博物院所藏的 33000 件銘刻是非常重要的一類文物。「銘刻」一詞包含了銘文和鐫刻這兩個方面的內容，其中包括了商代的甲骨刻辭、商周的銅器銘文，以及自戰國、秦、漢以來的印章、磚瓦、陶器、封泥、刻石、碑和帖等。其上的文字皆可屬於銘刻的範疇。這其中，碑帖有 28000 件。大家都知道，歷代帝王都鍾情書法，他們廣泛蒐集各地名山大川的田野石刻信息，千百年之後，那些處於自然狀態下的碑刻已然風化或者損毀，然而清晰的歷史信息則得以保存在博物館中。

　　故宮的碑帖小部分是清宮舊藏，大多數則是中華人民共和國成立後新徵集的。法書、繪畫和碑帖這三類紙質文物加在一起是 156000 件，應該說是在世界博物館領域無與倫比的同類藏品收藏了。

　　銘刻類文物中還有 10 面石鼓，可謂國寶中的國寶。這 10 面石鼓見證了中國早期的文字實物，其流傳經過也極為曲折，能夠保存至今實屬不易。為了這 10 面石鼓，故宮博物院專門建有「石鼓館」，之前是在皇極殿東廡，現在獨立設置在了寧壽宮。

　　此外，如果之前查詢過故宮博物院網站的話，可以看到，故宮博物院收藏有 4700 片出土於河南安陽殷墟的甲骨，實際上故宮博物院收藏有 23000 片，但需六年才能全部經研究後列入藏品序列。這些商代的甲骨刻辭是刻在龜甲和獸骨上的文字，習慣上稱之為甲骨文。已經發現的甲骨文字大約有 5000 個，更多的字還在釋讀當中。故宮博物院所藏的這些甲骨，著錄於《殷墟書契續編》《萌辭通纂》《殷契佚存》《殷契拾掇》《殷契拾掇二篇》《甲骨文合集》等書中，均是我們歷史長河中的無價之寶。

甲骨刻辭

　　（5）青銅器藏品。青銅文化是人類文明發展到一定階段的產物，我國的大型青銅器在夏朝晚期已經開始出現，到商朝前期和後期已有大量氣勢恢宏、紋飾繁縟的呈組合式的青銅器出現。到了

青銅鼎

西周、春秋、戰國時期，一大批具有長篇銘記歷史事件文字的青銅器則已經誕生。青銅器的製造和發展可說是歷代綿延不斷，但其對社會生活產生較大影響，還是在先秦時代。清代皇家時期收藏的青銅器在乾隆朝已經有數千件之多，這當中除去一部分後來運到台灣省、一部分流失之外，其餘的仍舊在故宮。加上中華人民共和國成立後陸續由政府調撥、私人捐獻以及故宮博物院收購的青銅器，故宮博物院現存青銅器已經達到 15000 多件。

青銅器在我國諸多博物館均有所藏，故宮博物院是我國收藏青銅器最多的博物館，而在這其中，先秦的青銅器有大約一萬件。故宮博物院還是世界上收藏帶先秦銘文青銅器最多的博物館，我們的 1600 餘件帶先秦銘文的青銅器非常具有研究價值。

（6）璽印藏品。璽印是憑證工具之一。在國家層面，公務層面與個人層面上，均需要以印記為憑證，這便產生了各種官印、私印。璽印大約出現於東周時期，之後代代相承，未曾間斷。故宮收藏有璽印共 5060件，這其中很大一部分是明清的帝後璽印和冊寶，完整地向人們展示了明清時期官方的璽印製度以及一些帝後的個人雅好。

（7）織繡藏品。故宮收藏了 180000 餘件古代織繡，包括服飾、材料、陳設用織繡品和織繡書畫四類。這其中，服飾又可分為成衣、冠帽、冠雜、靴鞋襪、佩飾、佛衣和活計等；材料類囊括錦、緞、綾、羅、綢、紗、絹、絨、緙絲和棉布等；陳設用品包括鋪墊、坐褥、靠墊、迎手、椅披、門簾、帳子、帷幔、被子、枕頭、炕單、炕席、桌圍等；織繡書畫則是以書畫、詩文作品為藍本，運用織、繡等工藝技法加以藝術再現的欣賞性藝術品，裝幀形式上則有軸、卷、冊、條屏、屏風、扇面、鏡心等。

故宮博物院的織繡藏品大多數為清宮用品，幾乎全部產自江南三織造（南京、蘇州、杭州）。總的來說，故宮的織繡藏品數量多、品類繁、

規格高、質量精、保存好，在中國及世界博物館同類藏品中首屈一指。它對於研究清代服飾制度、清代絲織品織造技術水平、絲織業發展狀況及清代的歷史文化、宮廷生活、藝術審美與思想觀念等都具有極為重要的價值。

（8）文房用品藏品。故宮收藏了 68000 餘件文房四寶 —— 筆墨紙硯。文房四寶是中國非常具有特色的文書工具，其名稱起源於我國南北朝，專指文人書房用具，以筆、墨、紙、硯為文房所使用，故曰「文房四寶」，以湖筆、徽墨、宣紙和端硯最為有名。「文房四寶」不僅具有極強的實用價值，同時也是融匯繪畫、書法、雕刻、裝飾等各種藝術為一體的藝術品。

實際上，除去「四寶」，文房用品還包括筆筒、筆架、墨牀、墨盒、臂擱、筆洗、書鎮、水丞、水勺、硯滴、硯匣、印泥、印盒、裁刀、圖章、卷筒等。故宮博物院所藏的文房用品多為清代名師製作，為皇家御用，因此用料考究、工藝精美。它們代表了我國數千年來文房用具的發展水平和能工巧匠們的創造智慧與藝術才能，是文房用品中的瑰寶。

碧玉交龍紐古稀天子之寶

（9）家具藏品。故宮收藏了 6200 餘件明清家具。這當中，明代家具有 300 餘件，清代家具則匯集了牀榻、椅凳、桌案、箱櫃、屏聯、台座等，一應俱全。還有東洋家具、西洋家具近 500 件。

論質地，則有花梨、鐵梨、烏木、雞翅木、酸枝木、櫸木、楠木、樺木、榆木、癭木、黃楊等家具，特別是還包含很多紫檀、黃花梨等材質的家具，極為珍貴。這些家具除部分為清宮造辦處製作外，大多數來自全國各地，其中屬廣作、京作、蘇作、晉作最為有名。故宮博物院所收藏的家具，基本全面地反映了明清家具的風格特點，對研究明清家具藝術及思想文化具有重要的指導和參考價值，是十分寶貴的文化遺產。

（10）鐘錶儀器藏品。在我國，博物館收藏的外國文物很少，但是故宮博物院是個例外。近 500 年的文化交流，特別是使臣納貢、貿易交流使故宮積累下上萬件的外國文物。在西洋鐘錶收藏方面，故宮是世界上收藏 18 世紀西洋鐘錶數量最多、品質最好的博物館，共有 2200 件（套）西洋鐘錶和儀器，其中鐘錶 1500 件（套），儀器 700 件（套）。

這些鐘錶儀器可以說是故宮博物院眾多文物藏品中相當特殊的一個種類，是明末以來西學東漸之下的產物，也是反映明清時期中國宮廷中中西文化交流的重要遺存。明末來華的傳教士為謀求其教務發展，在反覆探索與權衡後採取了以展現西方科學為主旨的傳教策略。他們或是進獻從歐洲攜帶而來的鐘錶儀器，或是以其學識、技術向中國社會特別是清朝宮廷提供世俗服務，以發揮自己的一技之長。他們製造或指導造辦處工匠製作了大批鐘錶儀器，並影響了當時的宮廷學風，進而使引進、購買和製造鐘錶儀器成為宮廷的自覺行為。

這一歷史狀況就決定了中國宮廷鐘錶收藏的特殊性，在承載中外文化交流和影響方面所顯現出來的代表性、典型性、廣泛性是世界上任何其他博物館的同類收藏所無法比擬的。

掐絲琺琅纏枝蓮紋螭耳熏爐

（11）琺琅藏品。故宮是全世界收藏中國古代金屬胎琺琅器數量最多的地方，有 6600 件琺琅器，涵蓋了從元代到清代及民國時期的金屬琺琅器。這其中，掐絲琺琅器 4000 餘件，畫琺琅器 2000 餘件，此外還有鏨胎琺琅器、錘胎琺琅器、透明琺琅器等。它們中的絕大多數是明清兩代皇家所控制的機構所生產的，少數則為民間作坊製作。故宮博物院所藏的琺琅器用途廣泛，涉及宮殿陳設、宗教祭祀、殿內建築裝飾以及日常生活等各方面，是研究中國古代金屬胎琺琅器的珍貴實物資料。

掐絲琺琅纏枝蓮紋龍耳瓶

（12）漆器藏品。故宮還有多達 19000 件的漆器，在全世界的博物館中也是絕無僅有的。漆器是以木或其他材料造型經髹漆而成的器物，具有實用功能和欣賞價值。中國是世界上最早認識漆的特性並將漆調成各種顏色，用作美化裝飾之用途的國家。故宮博物院收藏漆器數量位居世界博物館之冠，這其中又以元明清三代傳世作品為主，兼有少量早期作品。在元明清三代的作品中，又以宮廷作品為主，兼有部分的民間作品。這些漆器種類齊備，內容豐富，並且具有相當高的工藝水平和研究價值，是世界工藝美術品的重要組成部分。

（13）雕塑藏品。雕塑是造型藝術的主要門類之一，是雕刻與塑造的總稱。雕刻多施於木、石、金屬等材質之上，塑造則是以泥土為主要材料。故宮博物院所藏雕塑主要包括上至戰國、下至清代的各色俑，木雕、石雕、瓷雕佛像，漢代畫像磚與畫像石，隋唐時期人物、動物磚雕及宋代二十四孝磚雕等。故宮博物院所藏雕塑主要源於以下幾種途徑：清宮舊藏、國家撥交、接受捐贈及收購。故宮博物院是中國雕塑文物的重要收藏機構之一，收藏的雕塑文物以品種齊全、內容豐富、具有較高的歷史與藝術價值而著稱於國內外。

（14）金銀錫器藏品。故宮還有 11000 件金銀錫器，都是傳世的藝術品。宮內的金銀器採用了鑄造、鏨刻、累絲等多種技術，造型別致、紋飾精美、極富宮廷特色，具有極高的歷史價值和藝術價值。其中，金器主要為清宮遺存，大部分為清代制品，包括清代典章、祭祀、冠服、生活、鞍具、陳設和佛事等方面。銀器絕大部分為清代製造，以銀壺、銀杯、銀盒等為主。錫器形狀不一，上多刻有詩文、花卉、山水人物，還有一部分上面刻有私人收藏款。

（15）玉石器藏品。23000 件玉石器是故宮博物院收藏的驕傲。中華五千年文明，甚至上溯八千年，可以通過故宮博物院的藏品串聯起來。例如，出土於東北的紅山文化玉器，出土於浙江的良渚文化玉器，還有時代更早一些的安徽凌家灘文化玉器等，故宮博物院都有廣泛的收藏。

帶皮青玉月門

這些玉石器主要源於清宮遺存，其中以玉器佔了絕大多數，其他還有水晶、瑪瑙、青金石、芙蓉石、孔雀石、珊瑚等珍貴寶石制成的器物，可以說是品種齊全、工藝精湛。

（16）玻璃器藏品。故宮博物院還收藏有玻璃器。玻璃器在明清也稱為「料器」。中國的玻璃製造工藝其實已有兩千多年的歷史，但實際上在清以前始終處於緩慢發展的狀態。自清康熙朝以來，在西方科學技術的影響下，清宮玻璃廠正式建立。此後，宮廷御用玻璃器的製作一直持續到清末，而這其中又以康熙、雍正、乾隆三朝為最頂峰。

（17）竹木牙角雕藏品。此外，故宮還有 11000 件雕刻工藝品，包括竹雕、木雕、象牙雕刻以及犀角雕刻等，一般被稱為「雜項」。這幾種工藝的歷史都極為悠久，也與日用聯繫較為密切，但在相當長的歷史時期內都沒有形成穩定的工藝傳統。直至明清時期，隨着整個工藝美術領域的繁榮發展，竹木牙角雕才取得了空前成就。它們形成了獨具特色的工藝技法，留下了大量美輪美奐的作品，派生出全國聞名的地方物產，也得到了上層社會的關注。借助不同材質雕刻出來的不同作品，竹木牙角雕各自具備一套完善而獨特的雕刻技術，有自家傳承的有序規律，同時也有許多姿態各異的作品流傳於後世。

（18）宮廷宗教藏品。故宮博物院收藏宗教文物 42000 件，涵蓋漢傳佛教、藏傳佛教、道教、薩滿教四大類。漢傳佛教以清宮舊藏的各種佛教經典和故宮博物院成立後收藏的各類佛教造像為主。道教文物有 500 多件，存於欽安殿和玄穹寶殿；薩滿教文物幾十件，存於坤寧宮，它們均未與古建築分離，具有比一般的傳世文物更高的歷史文化價值。故宮博物院收藏的宗教文物中 80% 都是藏傳佛教文物，其中有 23000 件佛造像、7000 件祭法器、1970 件 18 世紀的唐卡。它們原存於清宮多處藏傳佛教佛堂。大多數為清代民族宗教領袖敬獻給皇帝的禮物。

（19）首飾藏品。故宮博物院還收藏了大量的清代宮廷首飾。這些首飾由廣儲司和造辦處的撒花作、累絲作、玉作、牙作、鑲嵌作、琺瑯作等處承做。按照習慣，又被分為頭飾、頸飾、佩飾等幾大類。它們造型高貴典雅，做工細緻入微，透露出嚴格的等級，也體現出匠師們高超的工藝水平。

（20）武備儀仗藏品。故宮還保存着不少武備儀仗。它們大部分屬於清代皇帝的御用品，如大閱、騎射時的實物及大量賞玩器和陳設器，同時也有八旗官兵的遺物，還有全國各地貢入宮廷的利器，此外還有少量的外國兵器。從分類來說，現存故宮的武備器具可分為冷兵器和熱兵器兩類，包括甲胄、弓矢、槍具、刀劍、炮等。材質上則有鋼、鐵、銅、木、動物皮革、象牙、骨等。這些武備器具是清代數百年軍備盛衰交替的歷史見證，也是當時特殊歷史背景下中國傳統武器裝備與世界兵器發展融合的縮影。

（21）音樂戲曲藏品。音樂戲曲類文物是故宮非常特殊的一類文物，以清代典制樂器為主，包括「中和韶樂」「丹陛大樂」等所需樂器，還有一些民族樂器和西洋諸國進貢而來的西洋樂器。此外，由於清代宮中盛行演戲，因此也就留有大量戲曲伴奏樂器，如堂鼓、月琴等。與此同時，和演戲有關的戲衣、盔頭、唱片、戲本等文物也都再現了清宮當年演戲的盛況。除去清代音樂類文物，故宮還藏有部分明以前的古琴，也都是極其寶貴的珍品。

銀鍍金鑲珠寶五鳳紋鈿尾

（22）生活用具藏品。故宮裏還有 13000 件生活文物，包括宮燈、盆景、如意、藥具器材、茶葉、餐具、火鐮等。基本都為清宮舊藏，也有少部分是民間徵集或個人捐贈。換句話説，生活文物主要就是內廷裏帝後生活中使用過的東西。比如其中有很多孩子的玩具，還有很多當時的食品，以及普洱茶、中藥等，可以説是無奇不有。由於其種類繁多，用途各異，因此材質也迥然不同，木、綢緞、毛、牛角、珠寶等均可見到。與此同時，其工藝也必然不同，諸如染色、粘貼、刺繡、雕鏤、鑲嵌等也是異彩紛呈。在這些器具中，比較難保管的就是盆景，它們體量較大，又不像瓷器，玉器等器型比較規整，可以裝入囊匣。這些盆景的枝幹、花瓣一般是玉石製造，葉片則有一些是染牙材料，因此無論是保管、搬運還是陳列都要格外小心。故宮所藏的這些生活器具，蘊藏着相當豐富的文化內涵，既向人們展示了神祕的宮廷生活，同時也向我們展示了優秀的中國傳統工藝。

英國自開門音樂水法（修後）

嵌珠鎏金立像銅佛

（23）外國文物。故宮博物院還有部分清宮舊藏的外國文物，多產自英國、法國、德國、瑞士、美國、日本等國，類型有漆器、陶器、瓷器、玻璃器，繪畫、書籍、家具等，上到 16 世紀、下到 20 世紀，其中以 18、19 世紀居多。

在所有的文物中，日本文物的數量和種類都居首位。這些外國文物帶有十分鮮明的地域特色，展示了所屬國的文化，同時也反映了中國和其他國家地區的交流情況。

❖　般若波羅蜜多心經

藏品徵集

藏品徵集是任何一家博物館都十分重視的業務，是讓自己的館藏不斷豐富的來源。博物館的藏品徵集有如下幾個途徑：田野採集、考古發掘、接受捐贈、購買、民間徵集、接受撥交或移交等。這其中，接受捐贈是一種非常重要的徵集方式。

建設故宮博物院僅靠少數人的努力是肯定不夠的。故宮博物院的建設長期以來得到了大眾的支持，其中一種支持就是社會有識之士和民眾對故宮博物院的捐助，例如捐贈私人藏品等。自建院以來，已有700多人向故宮博物院捐贈了珍貴藏品，故宮博物院也為此設立了捐贈榜——「景仁榜」，以對這些捐贈者進行表彰。近些年，故宮博物院陸續也接收了一些文物捐贈，對故宮博物院的發展和文物保護事業有着重大的意義。

我希望這些捐贈行為能讓社會公眾了解，所以每次捐贈我們都會加大宣傳力度。捐贈宣傳有多種形式，一方面是召開媒體發佈會，另外一方面就是定期舉辦捐贈文物展覽。我們還將景仁宮專門開設為「捐獻館」，把受贈文物中的部分精品展示給社會公眾。還通過出版物和紀念文章，也包括周年紀念等方式，使人們銘記這樣的善舉。對於一些重要藏品，例如歷史上曾經搶救回歸故宮的文物藏品，我們在出版或者展覽陳列時都要標注捐贈信息。總之，故宮博物院在今後的建設中，確實也要依靠「眾人拾柴火焰高」。

故宮博物院仍然在不懈地徵集、匯集文物，但是我們也有嚴格的收藏原則。尤為珍貴的是種種原因從清宮流失出去的文物，對於這些文

物，故宮博物院希望能夠接受捐贈，對於一些重要的文物還可以出資購藏。例如十幾年前故宮博物院就抓住機遇，購藏了張先《十詠圖》《出師頌》《研山銘》等珍貴書畫藏品。

縱觀故宮博物院接受捐贈的歷史可以發現，實際上我們接受捐贈的文物藏品以古代藝術品居多，特別是與故宮文化有關的文物。例如香港世茂集團董事局主席許榮茂先生在 2018 年捐贈的《絲路山水地圖》，成為故宮博物院的珍貴文物藏品。但是，對於當代藝術品，我們則持比較慎重的態度。

有人說，故宮博物院是接收藏品捐贈最嚴苛的博物館。故宮博物院對接收當代藝術品捐贈確實有三項規定：第一，捐贈的書畫作品或藝術品，一定是在全國甚至世界上具有影響的藝術大師作品。第二，捐贈作品不僅是藝術大師的原作，而且還要是大師的代表作品。第三，無論藝術大師名氣多大，故宮博物院只接受其十件以內的當代藝術品。這樣規定，是為其他文化機構提供收藏機會，同時我們也希望故宮博物院在兩百年、兩千年以後，所擁有的文物藏品仍然是各個歷史時期最好的藝術品。故宮博物院的做法也為其他博物館徵集文物藏品留有更多餘地，如果大量當代藝術品收入故宮博物院文物庫房，由於展示空間有限，得不到展出的機會，那麼也就起不到社會教育和文化傳播的意義。

故宮珍貴藏品舉隅

截至 2016 年 12 月 31 日，故宮博物院擁有文物藏品 1862690 件（套）。這在國內博物館中首屈一指，在世界博物館中也是名列前茅的。全世界博物館藏品數量與等級一般都是金字塔結構，塔尖的位置是珍貴文物，腰身的位置是一般文物，底層是資料，也就是尚未列入級別的文物。然而，與其他博物館不同，故宮博物院的藏品特點呈現「倒金字塔」型結構：90.4% 的文物是珍貴文物，8.8% 的文物是一般文物，資料占 0.8%，可以說幾乎件件都是珍貴文物。對故宮博物院來說，越是珍貴的文物，數量反而越大。也就是說，不是珍貴文物，至今也不能進入故宮博物院。所以說，故宮博物院的責任不可謂不大，這也是故宮博物院持續加大文物藏品保護的最重要的原因。

故宮博物院藏品的主要來源之一是清宮舊藏，這也就奠定了故宮博物院在明清文物上的優勢。以書畫為例，故宮博物院所藏明清繪畫在總量和精品數量上都擁有極大優勢。例如故宮博物院收藏大量吳門畫派書畫，包括沈周繪畫 167 件、書法 53 件，文徵明繪畫 134 件、書法 46 件，唐寅繪畫 85 件、書法 40 件，仇英繪畫 105 件。清代繪畫方面，故宮博物院清代宮廷繪畫獨具優勢，包括外國傳教士如郎世寧、王致誠、艾啟蒙等人，內廷供奉畫師如冷枚、金廷標、丁觀鵬等人的作品都收入在內。

故宮博物院不僅在明清藏品上獨具優勢，更有藏品體系的優勢。上文提到，從品類來說，故宮博物院的文物藏品可分為繪畫、法書、銅

器、金銀器、漆器、琺瑯器、玉石器等 25 大類，品類完整。從歷史脈絡來看，故宮博物院藏品的重要類別都是歷史序列整齊的，例如館藏陶瓷可以舉辦中國陶瓷發展史展覽，玉器收藏上迄新石器時代下至清末沒有斷檔的時代等。在這一點上，世界上沒有哪個博物館是可以與之媲美的。

在這裏，我想再向大家具體列舉故宮博物院的一些珍貴藏品。

陶瓷方面，我們有相當多的聞名於世的藏品，比如唐代的邢窯白釉葵口碗，宋代的汝窯三足樽、哥窯魚耳爐、官窯弦紋瓶、鈞窯月白釉出戟尊、龍泉窯青釉鳳耳瓶、定窯孩兒枕，元代的藍釉白龍紋盤，明代的永樂青花壓手杯、宣德青花梵文出戟蓋罐、成化鬥彩雞缸杯、弘治黃釉描金獸耳罐、萬曆五彩鏤空雲鳳紋瓶，清代的康熙紫紅地琺瑯彩纏枝蓮紋瓶、雍正琺瑯彩雉雞牡丹紋碗、乾隆各種釉彩大瓶等。這些都是歷代陶瓷中的精品，代表了中國歷史上各個時期陶瓷工藝的最高水平。

繪畫方面，故宮的珍貴藏品，或者說大家叫得上名的藏品，那可就太多了。比如隋展子虔的《遊春圖卷》，唐閻立本的《步輦圖卷》、韓滉的《五牛圖卷》，五代董源的《瀟湘圖卷》、顧閎中的《韓熙載夜宴圖》，北宋趙佶的《祥龍石圖卷》、張擇端的《清明上河圖卷》，元倪瓚《竹枝圖卷》等。在五萬件繪畫作品中，有近千件為國家一級文物，幾乎囊括了中國繪畫發展各個歷史時期的名家名品，尤其是元以前的精品有四百餘件（套），這個數字在全國博物館排名第一。不僅如此，故宮的繪畫作品有不少都是稀世珍品，有些甚至是歷經劫難而流傳至今的孤本真跡，在中國美術史上都佔有極其重要的地位。

宋鈞窯月白釉出戟尊

與之相對應的是，故宮所藏的法書同樣是珍品薈萃。比如大家所熟知的「三希」中的「二希」——《中秋帖》和《伯遠帖》。再如晉陸機的《平複帖》、隋《出師頌》、唐杜牧《張好好詩卷》、宋范仲淹楷書《道服贊卷》等。同繪畫一樣，我們的法書寶庫可以說是享譽中外。

漆器方面，故宮收藏有元代「張成造」剔紅梔子花紋圓盤、「楊茂造」剔紅觀瀑圖八方盤、「張敏德造」剔紅賞花圖圓盒等。

雕塑方面，故宮收藏的河北曲陽白石造像，上起北魏晚期，下達盛唐天寶年間；50 尊廣東韶關南華寺的木雕羅漢像，雕造於北宋慶曆五年至八年，是研究世俗信仰的重要資料；收藏何朝宗、石叟、尚均、楊玉璿等人的瓷、銅、石雕刻品；漢代畫像磚與畫像石，以及宋代的二十四磚雕等。這些雕塑文物都具備着很高的歷史價值和藝術價值，也是故宮的重要藏品之一。

金銀器方面，故宮收藏有元代的朱碧山銀槎、明代的銀方鬥式杯、清乾隆金甌永固杯等珍貴藏品，或是反映金銀器工藝上的佳作，或是具有較為重要的歷史價值的物品。

　　玉石器方面，故宮既收藏有諸如大玉龍、玉神人紋多節琮等古玉，也收藏有著名的「子岡」款明代玉器。除此之外，故宮還收藏有大量的清代玉器，特別像大禹治水圖玉山、丹台春曉玉山、青玉雲龍紋甕等體量巨大、雕刻工藝複雜而又精美的玉器，更是難能可貴。

　　璽印方面，故宮收藏有清代官方所用的「二十五寶」，同時收藏有諸多帝王的官印、私印，這其中又尤以乾隆皇帝的璽印為甚。

　　織繡方面，故宮收藏有相當完備的清代宮廷服飾，匯集冠、袍、履、帶、佩飾等各種類別，可以完整地從中勾勒出清代典章制，這在世界任何其他博物館都是不可能做到的。

　　故宮收藏的西洋儀器，包括鐘錶及其他科技儀器，足以見證東西方文化的交流史。這當中諸如著名的銅鍍金寫字人鐘、銅鍍金象拉戰車鐘、銅鍍金嵌料石升降塔鐘等，將中國元素與西方元素相結合，既是造型別致的工藝品，也是精巧絕倫的科技儀器。

　　故宮所收藏的藏傳佛教藏品中，有不少來自清宮佛堂舊藏，其佛像、佛塔、唐卡及其他各類法器等，真實還原了藏傳佛教在清朝的發展

❉　西洋計算器

與在清宮的興盛。而故宮所藏的金鐘玉磬，則再現了禮制在清代宮廷中的重要性。

至於古籍方面，故宮的珍貴收藏更是相當繁多。比如各種版本的《大藏經》，再比如武英殿刻本的《康熙字典》《欽定古今圖書集成》等。這些古籍涵蓋多個朝代、多種形式，有不少都屬於善本特藏甚至是孤本範疇。

總的來說，故宮博物院 186 萬件的藏品，有超過 90% 的珍貴文物，25 類藏品，每一類都是精品豐富。一直以來，我們都想讓這些珍貴文物多同觀眾見見面。這些年，我們對故宮博物院的展陳空間、展陳方式和內容不斷進行改善，更多的珍貴文物陸續呈現在了展廳。我也相信，隨着故宮開放區域的不斷擴大，展覽水平的不斷提升，大家一定會在故宮的展廳內看到更多的珍貴文物。

❖ 銀燒藍望遠鏡

「現象級」的故宮展覽

作為中國文物藏品最多、最豐富的寶庫，故宮博物院的文物藏品超過 180 萬件。但是過去這些文物藏品絕大部分躺在倉庫裏「睡大覺」，使觀眾的「故宮遊」往往是走馬觀花。實際上，公眾對於參觀文物展覽、觀賞文物藏品的熱情一直都存在，並且與日俱增，可他們難得的「故宮文化之旅」卻看不到很多期待已久的文物，這對於他們來說無疑是一種遺憾。其實對我們「故宮人」來說，這同樣也是遺憾，因為我們也非常想把故宮博物院豐富的文物藏品更多地展示給廣大觀眾。為此，我們必須尋求改變，讓文物「活起來」。

幾年來，故宮博物院努力通過維修保護古建築，來開闢新的展區，擴建新的展館，籌劃新的展廳，舉辦新的展覽，從故宮紅牆內遷出工作人員等，把越來越多的文物藏品「請」出庫房，「移駕」展廳供廣大觀眾觀賞。

在展覽方面，我們豐富、改進了常設展覽，比如新提升了珍寶館、鐘錶館、書畫館、陶瓷館、石鼓館等陳列展覽，新設立了雕塑館、家具館、古建築館、武備館、數字館等專題展館，新開闢了皇極殿、文淵閣、鹹若館、壽康宮、暢音閣等原狀陳列。同時，每年舉辦的臨時展覽數量不斷增加。在這些臨時展覽中，雖然多數是主題鮮明的故宮文物專題展覽，同時合作展覽、引進展覽的數量也不斷增加，有些是故宮博物院與境內外其他博物館和文化機構合作舉辦，還有些則是直接從境內外其他博物館和文化機構引進而來的展覽。越來越多具有社會影響力的展覽不斷呈現給廣大觀眾。

在故宮專題展覽方面，先後舉辦了「古物擷英——故宮博物院藏捐獻陶瓷精品展」「潔白恬靜——故宮博物院定窯瓷器展」「清風徐來——故宮博物院藏清代宮廷成扇展」「故宮藏歷代書畫展」「故宮博物院藏清初『四王』繪畫特展」「紫禁城與『海上絲綢之路』展」「故宮博物院藏四僧書畫展」「趙孟頫書畫特展」「千里江山——歷代青綠山水畫特展」「予所收蓄永存吾土——張伯駒先生誕辰120周年紀念展」「硯德清風——故宮博物院藏清代宮廷用硯精品展」「鐵筆生花——故宮博物院藏吳昌碩書畫篆刻特展」「賀歲迎祥——紫禁城裏過大年」等。

在與國內博物館和文化機構合作舉辦展覽方面，先後舉辦了「洛陽牡丹與牡丹題材文物聯展」「開封菊花與菊花題材文物聯展」「徽匠神韻——安徽徽州傳統工藝故宮特展」「祕色重光——祕色瓷的考古大發現與再進宮」「天祿永昌——故宮藏瑞鹿文物特展」「清平福來——齊

❖　張伯駒書畫特展

白石藝術特展」「極限創造 ── 2019 奧林匹克博覽會故宮大展」「國色
天香 ── 紫禁城裏賞牡丹」「良渚與古代中國 ── 玉器顯示的五千年文
明展」「天下龍泉 ── 龍泉青瓷與全球化」「觀魚知樂 ── 宮廷金魚文
化與故宮博物院藏金魚題材文物聯展」「須彌福壽 ── 當紮什倫布寺遇
上紫禁城」等。

在與國外博物館和文化機構合作舉辦展覽方面，先後舉辦了「印
度宮廷的輝煌 ── 英國國立維多利亞與艾伯特博物館珍藏展」「玲瓏萬
象 ── 來自美國的俄羅斯皇家法貝熱裝飾藝術展」「梵天東土並蒂蓮華：
公元 400 ── 700 年中印雕塑藝術展」「浴火重光 ── 來自阿富汗國家
博物館的寶藏展」「尚之以瓊華 ── 始於十八世紀的珍寶藝術展」「茜茜

❖　紫禁城與「海上絲綢之路」展

公主與匈牙利：17—19 世紀匈牙利貴族生活展」「銘心擷珍 —— 卡塔爾阿勒薩尼收藏展」「貴冑綿綿 —— 摩納哥格里馬爾迪王朝展」「愛琴遺珍 —— 希臘安提凱希拉島水下考古文物展」「流金溢彩 —— 烏克蘭博物館文物及實物與裝飾藝術大展」「傳心之美 —— 梵蒂岡博物館藏中國文物展」「有界之外：卡地亞·故宮博物院工藝與修復特展」等。

目前，全國各地建設了數量眾多的現代化博物館，因此故宮博物院的展覽也有條件走向更多城市。特別是鑒於長期以來，故宮博物院的發展得到各地的支持，如今我們就通過「故宮文物回鄉展」加以回報，例如先後舉辦了赴合肥的「走進御書房 —— 清代宮廷文房用具特展」、赴蘇州的「蘇·宮 —— 故宮博物院藏明清蘇作文物展」、赴紹興的「蘭亭回家展」、赴揚州的「領異標新二月花 —— 揚州八怪書畫聯展」、赴杭州的「公望富春 —— 名畫回故鄉特展」、赴福州的「壽山石回故鄉展」、赴溫州的「鄭振鐸先生捐獻故宮文物特展」、赴宜興的「紫泥清韻皇家品位 —— 故宮博物院珍藏宮廷御用紫砂展」、赴常州的「常州畫派女畫家精品展」、赴黃山的「故宮博物院藏新安八家書畫展」、赴瀋陽的「曾在盛京 —— 瀋陽故宮南遷文物展」、赴成都的「天府之國與絲綢之路文物特展」，以及赴新疆的「故宮博物院清代新疆文物珍藏展」、赴海南的「對話：海上絲綢之路與紫禁城展」等。這些與當地傳統文化淵源深厚的文物展覽，獲得所到城市民眾的歡迎，增加了當地民眾對自己城市文化的了解，增強了對於家鄉故土的自豪感。

令人難忘的是，2015 年，故宮博物院迎來了建院 90 周年，我們舉辦了一系列大展來慶祝這一重要的時刻。如午門的「普天同慶 —— 清代萬壽盛典展」、武英殿的「石渠寶笈特展」、齋宮的「大明御窯瓷器 —— 御窯遺址出土與傳世洪武、永樂、宣德瓷器對比展」、延禧宮的「清淡含蓄 —— 故宮博物院汝窯瓷器展」、神武門的「故宮藏老照片特展」、神武門的「故宮博物院文物保護修復技藝特展」等。

近年來，除逐年增多的固定展覽、原狀陳列以外，故宮博物院每年在院內外舉辦的臨時展覽超過 50 項，得以展出的文物藏品數量倍增。尤其令人欣喜的是，通過持續推出的系列展覽，有力提升了故宮博物院的展覽水平，樹立起不斷根據社會需要積極籌劃展覽的理念。這些展覽不但在文化界引起一次次轟動，更是在社會上產生了廣泛影響，越來越多的觀眾通過展覽更加熟悉和熱愛故宮文化。

在這裏，我特別要提到的是 2015 年的「石渠寶笈特展」和 2017 年的「千里江山——歷代青綠山水畫特展」。它們在社會上引起了巨大反響，成為「現象級的展覽」，並且衍生出「故宮跑」這樣一個專有名詞，可見故宮博物院所代表的優秀傳統文化在世人心目中的地位，以及人們對傳統文化經典的崇敬和渴望。我們更欣喜地看到，參觀特展的 30 歲以下年輕觀眾，佔到了七成左右。

先說「石渠寶笈特展」。2015 年適值故宮博物院九十周年院慶，一大批精彩的展覽得以與觀眾見面，「石渠寶笈特展」就是其中之一。諸如《清明上河圖》這樣的著名書畫作品得以展出，因此引人矚目。但要說起它引人矚目的程度，說實話一開始我們也沒想到。

以往，人們進入故宮博物院後會有一些抱怨，有很多不滿意的地方。其中一個現象是 80% 的人進來後，都會目不斜視地往前面走，方向感極強，先去看皇帝坐在哪，再往前走去看皇帝躺在哪，再看看皇帝在什麼地方大婚，穿過御花園就走出了故宮博物院。太多的人來到故宮博物院以後，不知道或者沒有機會參觀兩側的展覽。

「石渠寶笈特展」改變了這種情況。很多人進入故宮博物院後，不往前面走，而是往西邊跑，因為這個展覽的主展場在外朝西路的武英殿。人越跑越多，速度也越跑越快。這種現象後來衍生出一個網絡名詞——「故宮跑」。我過去一看，現場確實有很多人在跑動。一位老先生站在武英殿書畫館門前對我說，故宮博物院怎麼舉辦展覽像開運動會一樣，大

❖ 浴火重光 —— 來自阿富汗國家博物館的寶藏展

❖ 貴胄綿綿 —— 摩納哥格里馬爾迪王朝展

家還要跑？他説自己已經七十歲了，一大早就來排隊，排在最前面買到票，結果開館後人們都跑了起來，由於跑在後面，就沒有能第一批進去參觀。

　　這句話倒是啟發了我，我認為他説得對，當天中午我們就開會研究怎麼辦好「運動會」。連夜趕制了 20 個牌子和 1000 個胸牌，第二天早上不到 7 點，就把牌子立在廣場上，先來的人排成一組、二組、三組……人們按照先後順序排起隊來，「石渠寶笈特展」的開幕式就舉辦了。開幕式之後是入場式，8 點鐘不到，我們提前半個小時開館，然後第一組、第二組、第三組依次入場……老人、孩子跟着牌子走向展廳，就都不用跑了。據説全世界的博物館舉辦展覽有入場式的只有故宮博物院。

　　雖然採取了這樣的辦法，但前來觀看展覽的人確實很多。這個展覽共吸引了 17 萬觀眾，每天都是幾千人排隊，平均每人排隊 6 小時。但是不管時間多久，觀眾都堅持要看到展覽，特別是都想看一眼《清明上河圖》。於是，我們又承諾，最後一個觀眾參觀結束後才閉館。我記得有

❋ 「石渠寶笈特展」參觀秩序（2015 年 9 月 19 日）

一天，晚上 8 點，我們去看望觀眾的時候，隊伍排得還很長，我問他們累不累啊，觀眾們紛紛表示：「累也要堅持！就是故宮博物院裏晚上沒有飲用水銷售，口渴了怎麼辦？」我們趕快通知廚房燒水，沏了 2500 杯茶請觀眾們飲用。到了夜裏 12 點，我去看望觀眾時問他們：「怎麼樣？喝水了吧？」他們回答說：「水倒是喝了，但是現在又餓了。」我們趕快又拿出 800 盒方便面。吃完方便面後，大家一起繼續排隊等待，後來我聽說，全世界的博物館舉辦展覽免費發方便面的，只有故宮博物院。

凌晨 4 點，最後一批觀眾們看完展覽，全家合影以後，高高興興地離去了。當最後一個觀眾離開故宮博物院時，天都快亮了。我非常喜歡的一張照片，就是當時最後一位參觀完展覽的觀眾在武英殿外的照片 —— 東方天蒙蒙亮，觀眾笑得滿足。

我覺得還有一點特別令人感動，也是令我感到驕傲的是，這次展覽 70% 排隊觀看展覽的都是來自世界各地的學生們，為了避免他們長時間排隊浪費時間，我們請策展專家、志願者給他們講解。還有就是，當時製作的二維碼展覽介紹發揮了很大作用，觀眾們通過手機鏈接，查看展廳裏面展示的每一件藏品信息，這樣排隊等待的時間就不那麼枯燥了。同時專門為此次展覽出版的圖書、雜誌和文化創意產品也引起人們的關注。

應該說，「石渠寶笈特展」確實讓我們總結了許多。在過去，故宮博物院內舉辦展覽，排 10 米、20 米的隊就叫長隊了，沒想到這次反響非常強烈，等待參觀的觀眾隊伍一直排到了太和門廣場，觀眾最多的時候排隊達數千人，隊伍長達數百米。對於觀眾參觀的熱情程度，我們的確始料未及。有人浪漫地說，這是一道靚麗的文化風景。而對於身臨其境排隊的觀眾來說，則是一個漫長的等待過程。應該說，觀眾排了這麼長的隊伍，還那麼耐心，我們心存感激。從中也能看到大家對傳統文化的熱愛和對文物意義的理解，我們感到十分欣慰。

　　2017 年 9 月 15 日在午門雁翅樓展廳舉辦的「千里江山 —— 歷代青綠山水畫特展」，以北宋王希孟的《千里江山圖》為中心，旨在系統梳理、展示中國歷代青綠山水畫的發展脈絡。

　　展覽首次集中呈現了院藏青綠山水畫作精品。大家都知道，中國山水畫不僅單純表現眼前的山川景象，更直抒胸臆，描繪了理想中的大千世界。為了充分表現山水畫的精神內涵，此次展覽策劃努力將創作山水畫的技法、佈局、張力融匯在整個展覽的設計中，使展覽整體成為一幅「青綠山水畫」。這個展覽具有重要的文化意義，因為青綠山水是中國山水畫的一個重要門類，但是由於元及以後文人畫的迅速發展並佔據畫壇主流，導致我們通常對中國山水畫的印象主要是水墨山水，而忽略了青綠山水在畫史上的地位和價值。系統展示中國古代青綠山水畫的發展脈絡，有助於更全面地理解山水畫的概念，以及中國藝術的精神世界。再有，故宮博物院收藏有展子虔《遊春圖》、王希孟《千里江山圖》、宋人《江山秋色圖》、趙伯驌《萬松金闕圖》等重要作品，在青綠山水畫的收藏上有突出優勢。藉此展覽，可以讓民眾對故宮博物院藏品的重要性有直接、具體的認識。除此之外，故宮博物院經過全面的文物清理，向社會公佈了全部藏品的目錄。舉辦「青綠山水」這樣的專題展覽，是系統清理成果的具體體現，也反映了故宮博物院藏品清理、研究的現實意義。

　　當然，此次展覽的重頭戲和焦點，是北宋王希孟的那幅《千里江山圖》。《千里江山圖》是 900 多年前，一位年僅 18 歲的天才畫家王希孟，為北宋皇帝宋徽宗所創作的青綠山水繪畫。他在不到半年的時間內，即畫成了這幅長 11.9 米的畫卷，表現出氣勢磅礴的千里江山景色，同時細膩地描繪出充滿生活氣息的理想人居環境，成為中國古代最著名的山水畫之一。通常説「紙壽千年，絹八百」，這幅繪畫已經將近千年，但是仍然色彩鮮豔，是因為使用的都是礦物質顏料，所以不會褪色。除了藝術價值，《千里江山圖》還可以作為研究中國古代建築的重要史料。早

❖　故宮博物院藏四僧書畫展

❖ 趙孟頫書畫特展

在 1979 年，傅熹年先生就曾提取《千里江山圖》中的建築組合，比對文獻，復原了不同類型建築平面佈局和細部做法，總結出北宋時期城鄉建築和橋樑的特徵。可以說，這幅於青山綠水中掩映漁村野市、水榭長橋的長卷，正是古代中國理想人居的真實寫照。

實際上，進入 21 世紀以來，這幅《千里江山圖》已經先後三次在故宮博物院展出，前兩次在武英殿書畫館展出。我的老師吳良鏞教授非常喜歡這幅畫，每次展出時我都陪同他前來觀賞，當時《千里江山圖》展出時，前來參觀的觀眾並不多，更沒有排起長隊。而此次《千里江山圖》展出以來，大批熱情觀眾前來參觀，一度排起長長的隊伍，需要等候數小時。為了方便觀眾舒適觀展，減少排隊等候時間，故宮博物院對展示《千里江山圖》的午門正殿展廳實行發號分時參觀的措施。發號方式為每天免費發放 16 個時段的號碼，每半小時放行該時段的 150 名觀眾進入午門正殿展廳，發號地點就在特展入口處，憑號參觀僅限午門正殿展廳。

這一舉措，結合展覽之初已經實行的限流分流方案，從時間和空間上對此次大展形成分時分區管控，實施效果良好。早上 8 點半，觀眾由午門入院後，部分觀眾徑直來到特展入口處。故宮工作人員放行前 150 名觀眾進入展區，向其餘觀眾依次發放全天其他時段參觀號碼，並在入口一側擺放指示牌，提示當下參觀時段及號碼。觀眾如果不想排隊看《千里江山圖》，只參觀午門東西雁翅樓的其他展品，則無須領號排隊即可進入展區。

採取這一系列措施後，午門展區入口全天未再出現觀眾排長隊現象，僅午門正殿展廳保持有數十人的隊伍，平均等候 30 分鐘左右即可參觀到《千里江山圖》這一組展品，參觀其他展品則完全不需要排隊。發號分時參觀措施的實行有幾個好處：一是大幅度減少觀眾排隊等候時間，領號後可以自由參觀故宮博物院其他精彩展覽或是休息用餐；二是使更多的觀眾可以登上雁翅樓，參觀眾多珍貴書畫展品；三是觀展秩序有效

提升，觀眾的心情也更加愉快，不再因為長時間排隊等候而煩躁，有利於維護整個展廳的觀展氛圍。在此我們也呼籲觀眾參觀此類展覽不要盲目排隊，不要把注意力僅僅集中於某件單幅展品，而忽視了其他同樣難得一見的書畫珍品。

與 2015 年的「石渠寶笈特展」一樣，參觀「千里江山 —— 歷代青綠山水畫特展」的觀眾中，30 歲以下的佔了七成左右。我們欣喜地看到，年輕人對祖國的燦爛文化感興趣，博物館文化已經成為年輕人文化生活的一部分。也許過去絕大多數觀眾並不知道什麼是「石渠寶笈」，什麼是「千里江山」，而今天這些成為幾乎人人皆知的「熱詞」，這些展覽也成為頗具影響的博物館展覽。

可以說，近年來我們期待觀眾進入故宮之後「多看展覽」的心願，的確正在一步一步地實現。以 2017 年國慶期間為例，除了珍寶館、鐘錶館、陶瓷館等常設展覽接待大量觀眾外，近兩年新開放的慈寧宮雕塑館和壽康宮原狀陳列及主題展覽分別接待了 18.3 萬和 12.6 萬名觀眾。同時，在午門正殿及東西雁翅樓展出的「千里江山 —— 歷代青綠山水畫特展」接待了 12.6 萬名觀眾，其中 2.3 萬名觀眾分時段觀看了午門正殿內展出的「千里江山圖」；在武英殿展出的「趙孟頫書畫特展」接待了 3.5 萬名觀眾；在神武門城樓展出的「茜茜公主與匈牙利：17—19 世紀匈牙利貴族生活展」接待的觀眾數量最多，達 21.3 萬人，其中一個重要原因是神武門兩側的城牆首次開放；在永壽宮及慈寧宮花園展出的「天祿永昌 —— 故宮博物院藏瑞鹿文物特展」分別接待了 10.6 萬名和 9.1 萬名觀眾；在齋宮展出的「明代御窯瓷器 —— 景德鎮御窯遺址出土與故宮博物院藏傳世弘治、正德瓷器對比展」接待了 9.5 萬名觀眾。僅這些展覽在國慶期間就吸引了 100 萬名左右的觀眾參觀。

故宮博物院的陳列展覽，同時有這麼多的觀眾集中觀看，這在過去是難以想象的情況。這些展覽彰顯了故宮文化和故宮博物院特色，

❈ 武英殿四僧書畫展

社會反響良好。同時由於主要分佈在東、西兩路，為觀眾集中的中軸線減壓不少，也改變了觀眾進入故宮博物院後「目不斜視」地往前走的狀況。

雖然故宮博物院在擴大開放和展覽服務方面有了不少進展，但故宮博物院的文化資源呈現還遠遠不夠，目前，故宮博物院的展廳主要利用故宮古建築，受展出空間和條件的限制，展出文物約 3 萬件，僅占故宮博物院文物藏品的 2%，無法全面向社會公眾展示故宮博物院珍貴文物的整體面貌。同時，由於受到文物建築特性的限制，文物藏品的保養和修復工作還存在很大難度。因此，尋求新的發展空間，確保故宮文化遺產安全，成為故宮博物院不可迴避的責任和使命。

近兩年，故宮博物院在一期、二期地下文物庫房的基礎上，正在進行地下文物庫房的擴建，竣工以後故宮博物院約 110 萬件文物將按不同類別、不同等級，入藏各自適宜的恆溫恆濕地庫，其中包括近 20 萬件當下「住」在地面古建築內的文物。

目前，故宮博物院開始計劃系統地開放一些地面庫房，用作倉儲式展廳，使更多的文物藏品得以展示。例如首先開放了南大庫。這座地面庫房規模很大，長度有 156 米。於是我們下決心對南大庫進行徹底整治，建成了故宮博物院家具館。如今看到觀眾們在家具館裏面參觀，興致勃勃，流連忘返，我們感到非常欣慰。故宮博物院決定陸續打開更多庫房，將文物藏品進行倉儲式陳列展示，例如古代書版倉儲式陳列展館、古建築構件倉儲式陳列展館、陶瓷倉儲式陳列展館、車馬轎輿倉儲式陳列展館、中和韶樂倉儲式陳列展館等，使每年展示的文物藏品倍增，使觀眾參觀故宮博物院時有更多的收穫。倉儲式陳列展示不但能夠使大量文物藏品改善保管狀況，而且使這些文物藏品成為文物展品，使更多的珍貴文物與觀眾見面，例如正在籌備的古代書版倉儲式陳列展館，能夠使 24 萬塊珍貴的書版文物得到保護展示。

正在籌備的故宮博物院北院區建成之後，就能解決院藏大量大型珍貴文物如大型家具、大幅地毯、巨幅繪畫、鹵簿儀仗等，因場地局限而長期無法得到及時、大規模的科學保護和有效展示的問題，同時把傳統文物修復的技藝，即非物質文化遺產展示給公眾。相信屆時前來參觀的觀眾，都會被故宮文化的魅力深深吸引。

2020 年紫禁城建成 600 年之際，每年與觀眾見面的文物將超過 10 萬件。而在展出藏品比例方面，2012 年左右，故宮博物院展出文物藏品只佔館藏的 1%，我們希望 2020 年這個比例能提升到 8% 左右，2025 年展出文物藏品則能提升到 30%。故宮博物院蘊藏着無法估量的文化資源，等待你我發現。如何通過系統梳理傳統文化資源，「讓收藏在禁宮裏的文物、陳列在廣闊大地上的遺產、書寫在古籍裏的文字都活起來」，以多種方式努力展示中華文化獨特魅力，是故宮博物院努力的方向。

❖　徽匠神韻

故宮博物院是個教育機構，也是個研究機構

叁

故宮青少年教育活動全部免費，因為我們堅信，在博物館成長起來的青少年，長大以後一定是對中華傳統文化熱愛的一代，對於博物館文化有感情的一代。

　　我們的陶瓷專家耿寶昌先生年近百歲了，天氣暖和每天都上班。故宮博物院的老專家們，一生奉獻給故宮學術研究，是故宮事業發展最重要的支撐力量，如今應該創造條件把老專家們留在工作崗位上。當他們繼續活躍在研究領域，身邊就會有兩三名年輕學者與他們一起工作，他們的經驗、他們的智慧就傳承了下來。

志願者 —— 故宮的亮麗風景

　　相信大家在參觀故宮時都會發現，每一處展廳，比如珍寶館、鐘錶館、書畫館、陶瓷館等，都有一群佩戴證件、身穿統一服裝的人，耐心地給觀眾做着講解。在他們身旁，也總會圍着一圈仔細聆聽的觀眾。這些人就是我們故宮博物院可愛的志願者。他們是故宮的一道亮麗風景，也是故宮宣傳教育工作的一面旗幟。他們來自各個行業、各個年齡段，服務內容涉及講解、諮詢、教育項目和志願宣講等。經過十餘年實踐歷練，故宮志願者團隊已經成長為一支優質的志願服務團隊。

　　2004 年 12 月 5 日，故宮博物院首次向社會發佈志願者招募信息，公開招募第一批志願者。當時共收到報名簡歷 1500 餘份，其中 450 名候選人進入面試，約 300 人通過培訓考核，最終成為故宮博物院的首批志願者。到 2018 年年底，累計註冊志願者已達到近 3000 人次，累計提供服務達到 13 萬小時，涉及公眾總數近 60 萬人次。

　　最初，故宮志願者以故宮博物院常設專館展覽講解為起步，現在講解區域已覆蓋到故宮博物院的 10 個展廳，包括鐘錶館、珍寶館、石鼓館、戲曲館、青銅器館、陶瓷館、書畫館等，還承擔過清帝大婚展、延禧宮陶瓷特展、蘭亭特展等展覽的講解工作。此外，故宮志願者還承擔着故宮博物院外事接待和新員工專館講解培訓等工作，參與故宮博物院組織的各項文化遺產宣傳和保護活動，包括觀眾諮詢、臨時展覽講解，以及觀眾問卷調查、公眾教育項目的研發與實施。

　　故宮志願者積極參加國際博物館日、中國文化遺產日等大型主題日的主題宣講活動，以及黃金周觀眾高峰日的諮詢服務活動。例如在 5·18 國際博物館日，志願者們向觀眾發放刻有故宮標識和「無煙故宮」宣傳語的彩色手環，告知觀眾不要把打火機等火源帶進紫禁城，勸阻個別觀眾在參觀過程中的不文明行為。在太和門觀眾諮詢中心，志願者們統一着裝，耐心解答觀眾問題，積極倡導文明參觀，宣傳「平安故宮」理念，向觀眾發放故宮知識問答卡並贈送書籤等紀念品。

　　故宮志願者還積極走出故宮博物院傳播、弘揚故宮文化。2012 年 5 月國際博物館日，「故宮文化」志願宣講團正式成立。團隊全部由故宮志願者組成，他們把在故宮博物院展廳內的宣講內容帶到社區民眾中間，

❈ 「五一」小長假志願者上崗（2014 年 5 月 2 日）

突破了展廳展覽的空間限制,擴大了志願服務的範圍。在宣教部的配合下,志願者老師根據故宮博物院的歷史沿革、古代建築、文物藏品,以及陳列展覽等內容選定了近 20 個宣講主題,每段講述的時長約 20 分鐘。與此同時,故宮志願者也參與到學校的教學中。例如 2012 年 9— 12 月,故宮志願者承擔了北京市第十五中學高一年級共 11 個班每月最後一節歷史課的講課任務,授課內容均是經過精心準備的「故宮文化」故事。中學生們通過通俗易懂的歷史故事,了解博大精深的故宮文化內涵,取得良好的效果。

故宮志願者還負責每一次新志願者的招募、培訓和各種考核,包括外籍志願者工作的開展。由於涉及語種繁多,因而對外籍志願者的聯絡、面試和培訓的所有過程,都有志願者參與或主要承擔。例如故宮志願者陳文青女士既有在海外學習的背景,也有在故宮博物院志願者服務的豐富經歷,在外籍志願者招募和培訓項目中發揮了十分重要的作用。

由於故宮博物院的文化身份極為特殊,具有多重性,既是博物館,又是世界文化遺產,還是著名的文化旅遊目的地,所以故宮博物院的觀眾群體成分多元、需求多樣,更需要通過志願者服務滿足各界觀眾的不同文化需求。志願者團隊自成立以來,為故宮博物院的文化遺產保護和開放服務提供了不少好的建議。同樣,故宮博物院也很重視來自志願者的聲音,從 2012 年「故宮人最喜愛的文物」評選活動,到近幾年來故宮博物院召開的多次媒體通報會,都會邀請志願者參加,認真聽取他們的意見,並根據這些意見積極改進工作,取得了很好的效果。

2007 年 12 月,在故宮志願者的推選下,第一屆故宮志願者委員會成立了。故宮志願者委員會由七人組成,設主任委員一名,祕書委員一名,委員五名。主要職責是全面落實《故宮志願者服務章程》;在宣教部的指導下組織對志願者的業務培訓;組織志願者的觀摩、交流活動;編纂有志願者服務的專館展品和相關文物講解文稿;協助宣教部做好故宮

志願者的日常管理工作等。為了能不斷提高講解水平、加強專業素質，故宮志願者還建立了培訓考核機制，每年定期進行業務學習，組織「故宮志願者講解比賽」，通過比賽相互交流學習。

故宮博物院對志願者的基本工作要求是每周為公眾服務一次，每次服務不低於兩小時。可以說故宮志願者團隊是全國博物館志願者團隊中管理最規範、人員最穩定、流動性最低、結構最合理的志願者團隊之一。故宮志願者對故宮文化遺產充滿熱愛之情，在公眾服務中傾注了真摯情感，全身心地投入志願服務工作，為故宮博物院的公共服務事業做出無私的重要奉獻。

2017 年，故宮志願者團隊已經達到 220 名。雖然 220 人在博物館志願者中算不上是一個數量特別大的團隊，但是故宮博物院的志願服務始終追求的是服務質量。2017 年，志願者老師絕大多數都實現了每年為觀眾服務至少 72 小時的承諾，共為觀眾提供了包括院內專館及特展講解、主題日講解諮詢、深入社區和學校的故宮文化宣講，以及教育活動項目等各項服務，累計時長共 14722.5 小時，有 88142 人次的觀眾從中受益，創下了近年來的一個新高。

幾年來，我親身感受到了故宮志願服務的發展與變化。故宮博物院的開放環境比較特殊，一方面展廳都是古建築，另一方面是露天的開放區域特別大，志願者老師在服務中往往要穿行很多區域，例如珍寶館所在的寧壽宮區域總面積 4.8 萬平方米，最多時包含 9 個展室，展出文物 400 多件，季節變化中也經常要面對嚴寒酷暑的考驗。因此，平常我在展廳裏面看到的志願者老師，都穿得非常樸素，為了行動更加方便，一般穿的都是平底鞋，為了觀眾能夠更容易找到他們，大部分時間都穿着醒目的黃馬甲。

其實，故宮志願者老師都是「多面手」和「實力派」，這一點在我們每年召開的志願者總結大會上就能體現出來。

故宮志願者老師們來自各行各業，例如，講解《千里江山圖》的王建南老師是大學教授，獲得定崗全勤獎的王強輝老師是外企高管，表演詩朗誦的王世玲老師是電台專業的播音員。大家在百忙之中抽出時間來參與志願服務，表明了對故宮博物院的熱愛。鄭立清老師退休前的單位是高能物理研究所，退休後於 2004 年成為故宮博物院第一批志願者。馬亮老師在北京鐵路局京藏車隊工作，自 2004 年成為故宮博物院第一批志願者以來，克服了很多困難，始終堅守崗位。很多故宮志願者老師在做好志願服務工作的同時，也為故宮志願者團隊建設做出了積極貢獻。蘇力老師是故宮博物院第一批志願者，擔任故宮志願者團隊組織服務工作，奉獻出很多精力和心血。王輝老師是第二批志願者，曾參加故宮志願者講述團，在 5·18 國際博物館日成功為觀眾進行講述，此後在社區、學校數十次為社會公眾進行講述。第一批志願者王新華老師經常利用自己的醫務經驗和烹飪技巧為大家服務。

每次開會，往往會有一些志願者老師上台展示，紛紛拿出「看家本領」，異彩紛呈。大家以自己服務的專館劃分「陣營」，同台競技，展示講解業務、表演才藝特長。志願者們講解的都是各專館為人熟知的經典展品，娓娓道來，充滿新意。才藝表演則匯集大家喜聞樂見的歌唱與朗誦、精緻典雅的崑曲與管弦樂，以及令人耳目一新的沙畫、光影畫等。同時，每次開會時也都要對故宮博物院志願服務優秀及貢獻較大的志願者老師進行表彰和獎勵，共評選出「志願服務滿 1000 小時」「志願服務優秀」和「定時定崗全勤」三個獎項，36 位志願者老師獲獎。其中以「定時定崗全勤」最為難得，需要全年每周均在固定時間到達固定崗位，為觀眾提供講解諮詢。該獎項獲得者之一的嚴寶生老師就是一位在故宮博物院從事志願服務 13 年的資深志願者，累計提供講解服務時長達 1240小時。52 歲的「最美志願者」霍慢憶老師作為故宮志願者提供講解服務已有 10 個年頭，累計服務 656 次，1932 小時。

過去幾年，我曾多次參加志願者團隊的年終總結會，與眾多志願者老師都是朋友。每年，我都能看到不少志願者當中的老面孔，與此同時，每年我也能夠看到有新面孔加入。2017 年我們開志願者總結會時，會議把我介紹為「來賓」，我對這個身份很不認可。我常說自己是故宮博物院的看門人，其實我也是故宮博物院的一名講解員，我對於宣傳講解的艱辛和愉快有着切身感受。

2015 年，故宮博物院九十周年院慶的時候，出版了一本《故宮人》全家福影集，裏面收集了當時故宮博物院所有同仁的照片和資料，其中就專門有一章是講述故宮志願者。

大家都記得 2017 年年底第一季《國家寶藏》裏故宮的那期節目，當時《國家寶藏》欄目對故宮博物院發出邀請，請我們推薦「故宮寶藏」和「護寶人」，我就想到，請故宮志願者來擔當「護寶人」這個角色應該再合適不過。因此故宮博物院決定，請故宮志願者代表「故宮人」登上中央電視台的舞台，向全國乃至全世界的觀眾介紹、守護故宮的文化寶藏。後來證明，志願者代表們的出鏡，得到了觀眾的一致好評，獲得了非常理想的效果。

故宮志願者能夠取得這樣的成績，是故宮志願者大家庭共同努力的結果，既包括全體志願者老師的熱情奉獻和自我管理，也包括故宮博物院各部處，特別是宣教部同仁們的認真工作，同樣離不開來自志願者老師家庭的鼎力支持、社會公眾的鼓勵包容，以及媒體朋友們的熱情關注。作為溝通觀眾與故宮博物院的一個樞紐、一座橋樑，故宮志願者是非常可愛、非常敬業、非常稱職的團隊，他們也成了故宮博物院的一張名片，成為故宮博物院的一面鏡子。

2018 年，我們的志願者服務領域又有了拓展。當時，故宮文物醫院經過三年的籌建，一年多的試運行，各項工作準備基本就緒，也接待了很多文物博物館界專業人士和重要外賓。我們在逐漸探索如何讓人們進

❖ 故宮博物院志願者招募面試活動（2017 年 4 月 28 日）

❖ 5·18 博物館日故宮博物院系列活動（2012 年 5 月 18 日）

入故宮文物醫院，了解故宮文物修復工作。為了在開放參觀時不影響文物醫生的日常業務工作，又讓觀眾得以近距離欣賞文物修復，獲得高質量的參觀體驗，經過研究，我們決定控制故宮文物醫院的開放時間和參觀人數，同時面向社會公開招募志願者。此次啟動志願者招募活動，目的即在不影響文物修復師日常業務工作的同時，讓觀眾能夠近距離欣賞故宮文物修復工作，並獲得滿意的參觀講解體驗，從而使博物館文化展示能夠更加多元、更加深入地走近觀眾，分享給觀眾。

2018 年 3 月 15 日，故宮博物院官網、官方微博、「故宮宣教」微信公眾號同時向公眾發佈志願者招募啟事，共收到有效簡歷 871 份。應募者年齡、性別、職業、學歷各方面均呈現多樣性，其中以中青年、女性、本科和碩士學歷、在職者居多。故宮文物醫院簡歷篩選小組設立了多方面的初選評判依據，對簡歷進行篩選。經過嚴格的初步篩選，共有 75 份簡歷通過，作為面試入選人員。

2018 年 4 月 16 日下午、4 月 17 日上午，故宮文物醫院首批志願者招募培訓工作啟動，面試應到 75 人，實到 73 人。故宮文物醫院設立了 5 組面試席，每組 3 位面試員。在首輪面試活動中，每位面試者在 6 分鐘的時間內，自選一件喜歡的文物，3 分鐘內完成對此件文物的介紹，藉此考察面試者的表達、邏輯與感染能力。另設回答問題環節，問題根據應募者的年齡設置為 20 至 30 歲，30 至 50 歲及 50 歲以上三個部分，針對性地考察應募者的儀容性格、身體狀況、表達能力、邏輯思維、時間安排，對文物博物館工作的認知和興趣等要素，依據應募者的表現情況綜合評議，每組選取分值高的前 7 名，5 組共計 35 人，進入第二輪面試。4 月 17 日下午對進入第二輪面試的人員進行了通知。

第二輪面試依然分為五組進行。其中要求面試者用 5 分鐘時間對《清明上河圖》進行講解。然後，速讀一則小故事，進行現場講解。從其講解的知識性、趣味性、信息抓取能力和語言組織能力四個方面進行考

評。接着面試員可根據面試者的具體情況提問相關問題。最後以各項的分值進行排名，並先期錄取 25 人進入崗前培訓。培訓時，依據這些志願者的興趣和學科背景，分為 A、B、C 三個小組，對應故宮文物醫院的三段建築功能分區進行針對性培訓，安排志願者進行定點講解，經過現場模擬訓練後正式上崗。

這些志願者經過了嚴格考驗，都有很高的學科素養，以教師、高校碩士、博士為主，還有電視台和廣播電台主持人等。他們個個能力出色，風采各異，充滿熱情。經過為期一個月的培訓後，依據兩部分的考試成績綜合考評，選擇 18 人作為故宮文物醫院的准志願者。可以説，考「故宮文物醫院志願者」比考國家重點大學還要難。我參加了第二輪面試工作，印象很深。面試難度很大，以至於北京電視台報道此次招聘面試時，形容其「難度形同藝考」。

2018 年 6 月 9 日恰逢「文化和自然遺產日」，對故宮志願者來説是個大日子。故宮文物醫院迎來了第一批 40 名預約觀眾，故宮文物醫院的志願者也正式上崗，向來自世界各地的觀眾提供講解服務。就在同一天，故宮博物院於太和門廣場及各專館入口處設立諮詢台，由故宮志願者「坐鎮」，為觀眾解答參觀疑問、規劃參觀路線、推介志願者講解。觀眾還能與故宮志願者進行現場互動，參與有獎問答活動，獲得精美的故宮博物院獎品。而在專館內，面向觀眾的志願者講解也如期展開。面對展廳中琳琅滿目的文物藏品，經驗豐富的故宮志願者娓娓道來，和觀眾一起開啟一場場精彩的文化之旅。

讓孩子們認識故宮

　　孩子是我們社會的未來，也一直是接受教育的「主力軍」。故宮是世界文化遺產，也是中國最為知名的博物館。我們理應讓更多的孩子認識故宮。認識故宮，不僅可以了解豐富的中國歷史，了解各種類別精美的文物，了解那些精湛的工藝與高超的技術，還可以了解到故宮是如何從「封建皇宮」成為「大眾的博物館」，了解到故宮博物院一脈相承的持之以恆的「匠人精神」，了解到「故宮人」在各個時代「不忘初心」的文物保護精神。從這些意義上來看，故宮博物院在孩子們身上投入更多的教育，是非常必要的。

　　社會教育，特別是青少年教育工作是故宮博物院的工作重點。在針對青少年宣傳教育方面，故宮博物院一直尋求探索適合青少年特點的教育方式，讓博物館成為學校之外的第二課堂。從 2004 年 3 月 1 日起，故宮博物院在全國率先對中小學生集體實行免票參觀和義務講解：每周二設為學生團體免票日，針對有組織的中小學生團體、大學相關院系學生團體免費接待參觀；自 2006 年開始，利用中小學生放假期間舉辦的「故宮知識課堂」活動，內容充實、形式多樣、氛圍活躍，深受學生和家長的歡迎；利用「國際博物館日」和中國「文化和自然遺產日」組織學生來到故宮博物院參觀、參加各類活動，擔任志願者；與北京故宮文物保護基金會合作，通過「孩子，圓你故宮夢」等項目，將文化活動帶到偏遠山村小學，開展知識與動手相結合的兒童課程；研發適合青少年的「數字故宮」項目，通過視頻短片、互動設計、故宮網站青少年版、APP 等

潛移默化的形式，讓不同的社會群體了解故宮文化內涵；研發面向青少年觀眾的卡通系列文化產品等。

　　故宮博物院努力架起溝通的「橋樑」，以內容豐富、形式生動的校外課堂形式，讓更多青少年了解、傳承優秀的傳統文化。其中，以 2006 年正式推出的「故宮知識課堂」為品牌的公眾教育項目，因輕鬆活潑和普及性、參與性強等優勢，易於在各項文化活動中推廣，也受到公眾的歡迎。十多年來，上萬名學生走進故宮博物院，走進「故宮知識課堂」，身臨其境地感受中國傳統文化。例如根據故宮古建築和故宮博物院藏品研發的「仰望太和殿，一起看鬥拱」「屋簷下的繽紛彩畫」「機巧連環探榫卯」「布藝堆繡，巧仿瓷瓶」「朝珠 DIY」「青白相間，妙筆生花」「皇帝的新衣」「宮廷裏的遂心『如意』」活動，根據展覽研發的「霓裳彩繪」

❖　國際博物館日「故宮一小時」少年兒童主題活動

「尋訪石鼓」「瓷片覓蹤」「合卺禮成」「中印佛教雕塑展教師工作坊」活動，根據明清宮廷歷史、文化研發的「上元結彩，巧手生輝」「宮中過端午，夏日『粽』動員」「書福迎春」「玩轉乾隆印，巧刻橡皮章」「甲冑八旗」活動等，知識講述、現場互動、動手製作相結合，深受青少年和家長的好評。比如我們曾開展過一項名為「八旗娃娃放肆萌」的布藝人偶DIY活動，活動對象為8-12歲少年，活動知識模塊是了解八旗制度的內容、起源、發展與方位規則及京師八旗作為維護清朝穩定的主要軍事力量的駐防方位與編制。此外還提供了布藝人偶DIY材料包，讓大家都可以親自動手製作，激發創意思維，表達獨特個性。

為了進一步增強故宮博物院社會教育職能，推廣故宮博物院宣傳教育項目品牌，故宮博物院又於2016年年底成立了故宮教育中心。該中心位於太和門廣場西側、熙和門南北廡房內，面積約800平方米，由教育項目展示區、主題活動教室、工作區及志願者工作站等四個不同主題功能的教室和輔助空間組成。作為重要的公眾教育基地，其意義在於充分整合故宮博物院現有教育資源，開展針對不同年齡觀眾的教育或研修活動，尤其為常年面向中小學生及家庭觀眾提供各類具有故宮特色、內容豐富、形式多樣的專題教育項目，提供了靈活便利的場地空間。與此同時，故宮博物院也把更多的空間用於社會教育，增加了一批大教室，使更多的班級、更多的同學們能夠來到故宮博物院學習。故宮博物院還有一個得天獨厚的條件，就是幾十個庭院都非常安全，春天、夏天、秋天天氣好的時候，很多庭院都被同學們豐富多彩的活動所利用，庭院裏、樹蔭下都成為同學們的知識課堂。

這幾年，故宮博物院的社會教育活動也深入到更多城市，例如到四川成都、吉林長春、貴州畢節、廣東東莞、河北秦皇島等。不僅如此，故宮博物院的公眾教育活動還頻頻走出國門、走向世界，例如前往馬耳他、新加坡、泰國、澳大利亞等地，以生動的知識講解和手工體驗課

程，獲得了各國青少年的喜愛。例如 2017 年，故宮博物院應海外中國文化中心邀請赴泰國曼穀和澳大利亞悉尼舉辦教育活動 12 場，主題有「朝珠 DIY」「宮廷裏的遂心『如意』」「康熙同學的西學課」「彩繪龍袍」和「摺紙龍袍」等，約有 350 名青少年參與，反響強烈。

　　故宮博物院不斷把握文博領域新動向，設計更多更好的教育課程。比如近年來非物質文化遺產受到越來越多的重視，故宮博物院就在 2018 年挑選了傳拓和雕版印刷兩項技藝，向預約前來的數十名中小學生開展非物質文化遺產技藝體驗課程。傳拓，即製作拓本，是一種用紙和墨及傳拓工具將鑄刻在金石器物上的文字或圖案捶印下來的傳統技法。傳拓工藝作為我國古老的傳統技藝，產生於南北朝時期並流傳至今，很多珍貴的文獻資料通過傳拓工藝才得以完整保存，傳承至今。30 位中學生參

❖　故宮教育中心活動（2016 年 12 月 29 日）

❖ 「故宮知識課堂」在宜興博物館（2017 年 1 月 12 日）

❖ 接待甘肅、青海學生（2017 年 2 月 28 日）

加傳拓技藝體驗課程，了解什麼是拓片以及拓片製作的悠久歷史，體驗和學習妙不可言的傳拓工藝，並製作一張屬於自己的拓片。在傳拓工藝基礎上發明的雕版印刷術則是一種運用刀具在木板上雕刻文字或圖案，再用墨、紙、絹等材料印刷、裝訂成書籍的一種特殊技藝，在 2009 年就正式入選《世界人類非物質文化遺產代表作名錄》。雕版印刷體驗課中，15 組小學生家庭以親子活動的形式共同了解雕版印刷的歷史，動手印製木板圖畫，感受雕版印刷的獨特魅力。通過這樣生動的課程，同學們不僅掌握了一項實踐技能，更對我們的非物質傳統文化有了更深的認知。

我一直想說，生命中真正重要的不是你遭遇了什麼，而是你記住了什麼，又是如何銘記的。

在我小的時候，父母曾經帶我參觀故宮博物院。那時的情景今天還歷歷在目，成為生活中永遠留存的珍貴記憶。幾年來，每當參加 5·18 國際博物館日舉辦的親子教育活動，每當看到在爆滿的「故宮知識講堂」內，青少年們動手參與串朝珠、繪龍袍、畫盤子、包粽子等活動，我都感到這些參與性的教育活動，必將使他們從小感受中華傳統文化，潛移默化地影響他們的未來。無論是學習繪畫也好，練習書法也好，手工製作也好，都會使他們對故宮博物院產生難以割捨的感情。

這些青少年們長大以後，一定是故宮文化的積極傳播者，一定是故宮事業發展的堅定支持者，一定是故宮服務公眾的熱情志願者，他們是故宮博物院的未來。

故宮博物院與北京故宮文物保護基金會合作的「孩子，圓你故宮夢」自 2012 年啟動以來，先後在貴州省畢節市威寧縣、黔西南州貞豐縣、銅仁市萬山區等地區開展，到訪當地小學 10 所，開設公益教育課程數十場次，捐贈圖書 6500 餘冊，參與學生達到 2500 人次，取得了良好的社會效果。經過幾年的發展與積累，該項目從 2017 年起擴展為「圓夢活動」，為貴州鄉村小學生提供一個了解故宮、走進故宮、學習歷史、感

受文化的機會，讓傳統文化通過多種傳播形式，在信息化時代持續傳承和弘揚，真正意義上為孩子們圓「故宮夢」。

大家都知道，故宮博物院是我國從事博物館數字化最早的博物館之一，也是開展新媒體業務相當早的博物館之一。我們也沒有忘記在故宮網站、APP 以及新媒體上開設更多的「青少年」定製板塊。

我們製作了專門的故宮青少年網站，並把它做得更加活潑，無論從形式和內容設計上都充分考慮青少年的特點，以情境交互式地圖顛覆刻板的欄目，在形象化的探索中感知故宮博物院的建築、展覽、文物藏品，整個過程中穿插着各種類型的遊戲，以及圖文並茂、通俗易懂的文化專題。當今社會的孩子們上網已成為常見現象，我們也希望能借助網站，讓他們多走進故宮博物院，把中華優秀傳統文化傳承給下一代。

故宮博物院從 2013 年開始出品系列 APP，至今已經有 10 個故宮 APP 在應用，每一個都獲獎了，給了我們很大的鼓勵。例如通過 APP「皇帝的一天」，孩子們可以了解過去皇帝讀什麼書、用什麼科學儀器、吃什麼食品、接觸什麼人等，覺得特別有趣，所以小粉絲特別多。

故宮文化的傳播僅靠一己之力遠遠不夠，因此，故宮博物院注重與重要文化機構和知名基金會、企業的多元合作。如 2015 年，故宮出版社與香港趙廣超先生的工作室攜手，成立了故宮文化研發小組。故宮文化研發小組開展的「小小紫禁城」教育工作坊項目，已在海內外多個國家的中小學校進行義務教育推廣，講述包括皇宮、建築、皇家人物、花園、器物、紋飾等不同主題的故事。工作坊舉辦近 5000 次，參與人數超過 53000 人，並舉辦多個面向學校和社會公眾的多媒體展覽，總參觀規模超過 11 萬人次。

故宮博物院與中國兒童藝術劇院簽署了戰略合作協議。雙方簽約合作的第一項舉措，就是分別在故宮博物院和中國兒童劇場連續開展了兩場公益慰問演出。上午，故宮博物院專場接待了 260 多名來自希望小學的學生。下午，中國兒童藝術劇院公益演出面向包括首都外來務工人員

❖ 故宮教育中心啟用

❖ 設立故宮兒童文化創意體驗店

子女、低保家庭、孤殘兒童等困難群體，讓這些平日很少有機會走進劇場的 700 餘名少年兒童也能走進劇場，感受高雅藝術。

故宮博物院正在通過獨特的方式，努力將中華文明烙在孩子們的心裏。故宮青少年教育活動全部免費，因為我們堅信，在博物館成長起來的青少年，長大以後一定是對中華傳統文化熱愛的一代，對於博物館文化有感情的一代。

故宮博物院是世界上接待觀眾數量最多的博物館，具有開展更多社會教育活動的能量，應該更加努力，通過豐富多彩的文化活動，使故宮博物院成為社會生活中一片文化的綠洲。未來，我們還將繼續推出各類具有故宮特色、內容豐富、形式多樣的教育項目，提供更加深入淺出的文化體驗，更加全面，立體地發揮故宮博物院的社會教育功能。

希望孩子們參加故宮博物院教育活動以後，深刻認識故宮文化的獨特價值，做中華優秀傳統文化的繼承者。未來文化遺產保護、研究的責任和希望就寄託在他們身上。

❋ 承乾宮梨花

從「故宮學」到「故宮研究院」

　　近代中國的博物館事業發軔於 1905 年，20 年後的 1925 年，故宮博物院在明清皇宮基礎上建立起來，實現了從封建王朝禁宮到公眾博物館的歷史轉變，成為我國博物館事業發展的重要標誌。故宮蘊藏着中華民族數千年的文化積澱，文淵深厚，文脈流長。故宮博物院的建立，使皇家的祕藏從此成為公共學術研究的對象。

　　研究是博物館必不可少的基本職能之一。故宮博物院建院之初，就明確提出學術研究要「多延攬學者專家，為學術公開張本」，集中並吸引了一批一流的專家和學者，體現出社會性、開放性的特點。20 世紀 50 年代後，唐蘭、羅福頤、陳萬里、馮先銘、單士元、于倬雲、劉九庵、朱家溍、徐邦達先生等一批享譽海內外的專家學者活躍在這裏。從此，故宮博物院也成為我國學術研究的重地，在中國博物館學形成和發展過程中發揮過重要作用，在明清歷史和宮廷文化、中國藝術史、中國古代建築以及文物保護與鑒定等領域，佔有重要而獨特的地位。

　　進入新的世紀，故宮博物院對外交流與合作的步伐不斷加大，在學術研究上也出現了成果迭出、大批人才脫穎而出的新氣象。2003 年 10 月，鄭欣淼先生立足於對故宮及故宮博物院的認識和定位提出建立「故宮學」。故宮學是以故宮及其豐富收藏為研究對象的一門科學，其研究領域主要包括紫禁城宮殿建築群、文物典藏、宮廷歷史文化遺存、明清檔案、清宮典籍、故宮博物院的歷史等六個主要方面，有着豐富深邃的學科內涵。

　　故宮學術領域寬泛，涉及諸多學科，其繁複的程度幾乎可與綜合性大學的學科門類相比擬。故宮學把故宮作為一個文化整體來看待。古建築、文物藏品、歷史遺存以及在此發生過的人和事，是一個不可分割的文化整體。紫禁城在近幾百年的延續中，雖然也有變異，但是相對來說具有穩定性，充分體現了中華傳統的主流文化，同時更帶有多民族文化融合的特徵。故宮學所研究的故宮文化，是包括皇家文化在內的更為豐富、廣闊的文化領域，涉及歷史、政治、建築、古器物、檔案、圖書、藝術、宗教、民俗、科技、博物館等諸多自成體系的學科。

　　2005 年，故宮博物院成立了「古陶瓷研究中心」和「古書畫研究中心」。前者於 2008 年 2 月被正式批准為「古陶瓷保護研究國家文物局重點科研基地（故宮博物院）」，其研究對象主要是故宮博物院收藏的 36.7 萬件古陶瓷類文物、古窯址採集的六七萬片古陶瓷標本、清宮遺留下來的萬餘片陶瓷標本，以及世界各地收藏的中國古代陶瓷。具體研究內容

　　❀　故宮研究院成立大會　　　　　　　　　　❀　故宮文物醫院揭牌儀式
　　　　（2013 年 10 月 23 日）　　　　　　　　　　（2016 年 12 月 29 日）

包括對不同時期、不同產地、不同類型古陶瓷製作原料、工藝、結構，以及相關性質的科學研究；對古陶瓷年代、窯口、真偽的科學研究；對古陶瓷的科學保管、修復和複製等技術的科學研究等。基地人才隊伍充足、古陶瓷樣品資源豐富、儀器設備先進，是對古陶瓷重點領域和難點問題進行綜合研究的場所和機構。

2013 年 10 月，故宮研究院成立，張忠培先生擔任故宮研究院名譽院長，鄭欣淼先生擔任院長。故宮研究院以創建「學術故宮」為宗旨，是故宮博物院為與國內外著名專家學者開展合作研究和交流而成立的非建制的綜合性學術機構。故宮研究院的成立，既是繼承故宮博物院優良的學術傳統，也飽含着對博物館發展理念的新思考，着力規劃故宮學術新佈局，構建體制創新、機制靈活、學術民主的高端學術研究平台，推動對故宮文化及其蘊含的豐富價值的研究，產生高質量的綜合研究成果。故宮研究院以故宮博物院在職和退休專家學者為主體，積極吸納國內外知名專家學者，取長補短，共同建構開放式的高端學術平台。多項科研課題也按計劃進行，有的已經取得了豐碩的成果，例如「走馬樓吳簡整理項目」「故宮博物院藏甲骨整理與研究項目」等。

在故宮研究院旗下，經過整合、充實和補充，已有研究室、博士後科研工作站、故宮學研究所、考古研究所、古文獻研究所、明清宮廷歷史檔案研究所、古建築研究所、宮廷戲曲研究所、明清宮廷製作技藝研究所、文博法治研究所、陶瓷研究所、書畫研究所、藏傳佛教文物研究所、宮廷園藝研究所、中國畫法研究所、中外文化交流研究所、中國書法研究所、鐘錶研究所、宮廷原狀研究所、故宮文物南遷研究所、世界文明古國研究所、影視研究所、中醫藥文化研究所、玉文化研究所、古書畫鑑藏研究所、文物保護科技研究所、知識產權研究所及建築與規劃研究所，共 1 室 1 站 26 所，基本完成了故宮學術的總體佈局和機構建設。這其中只有研究室、故宮學研究所、考古研究所為建制機構。研究

室是研究院的辦事和聯絡機構，以一個建制單位保障 20 餘個非建制單位的正常運轉，是在新形勢下的新探索。

在博物館如何組織、發展大型學術研究機構，是一個嶄新的工作課題。在以文化積累與傳承為主要特色的博物館，成立大型研究機構，在博物館發展史上沒有先例。

故宮研究院機構建設去行政化，堅持「非建制，不虛名；做項目，出成果；定計劃，重實效；有特色，創品牌」的特色。「科研項目制」為故宮研究院推動學術研究工作的基本模式，一切學術組織與實施均以「科研項目制」為依歸，各研究所的學術工作和活動均指向實實在在的學術項目，設備配備、人員配置、工作推進、方法探索均落實到一個個具體的國家科研項目上，使啟動的項目階段明朗、成果可期。

通過學術管理機制的整合，將故宮的學術研究活動從個人化提升到全院整體性的層面，形成合力，使故宮學術工作獲得更寬闊的發展空間，特別是通過故宮研究院的組織機構建設成集中智力、物力和財力的學術研究平台。例如明清宮廷製作技藝研究所與法國國家科學院東亞文化研究所、法國利摩日琺瑯藝術博物館、法國集美博物館、法國盧浮宮實驗室等機構於 2016 年 3 月聯合成立了「中國琺瑯藝術研究」課題組。自課題啟動以來，中法合作研究事宜順利進行，雙邊往來不斷加強。

近年來，故宮博物院考古研究所先後與印度拉邦歷史文化研究委員會、英國杜倫大學考古系，以及阿拉伯聯合酋長國、烏茲別克斯坦開展出土中國文物研究和在印度、阿聯酋拉斯海馬、烏茲別克斯坦的合作考古發掘工作。經過幾年來的努力，故宮博物院的考古研究基本上實現了海上絲綢之路和陸上絲綢之路的多方位研究，成為故宮博物院完善學科建設的主要工作之一，拓展了故宮博物院的學術研究範疇。

隨着研究視野的延伸，故宮研究院的藏傳佛教文物研究所先後在四川、甘肅、青海和西藏開展了持續的、有計劃的文物調查，尤其是在四

川西部和西藏地區。這項調查活動長達十年之久，取得了一系列的成果。自 2013 年開始，我們啟動了藏傳佛教文物保護數字化工作，完成了七座藏傳佛教寺廟藏品、壁畫的數字化工作，其中包括著名的西藏大昭寺的全部文物、壁畫，還幫助大昭寺建立了數據庫。這是西藏乃至全國最先進的數據庫之一，使大昭寺的文物保護工作很快邁入了先進行列。我們的工作未來肯定會對藏傳佛教的文物保護和研究產生積極的影響。

再如中醫藥文化研究所。故宮博物院收藏有醫學文物 3000 多件，是故宮博物院藏品中重要而富有特色的門類，是清宮醫事活動的實物遺存和文字記載，是寶貴的文化遺產，具有獨到的價值。就學術研究而言，清宮醫學文物是研究醫學史，宮廷史乃至中西文化交流史的第一手資料，在這些領域的研究方面具有重要作用，在一定程度上甚至可以彌補文獻、檔案記載的不足。然而，清宮醫學文物因其研究的複雜性和專業性，一些研究尚處於淺嘗輒止的狀態，有的領域甚至是未開墾的處女地。故宮研究院中醫藥文化研究所的成立，正是整合故宮研究院和社會各界的優勢資源，共同致力於清宮醫學文物的挖掘、整理和研究，使之服務於廣大民眾的療疾保健，並進而向世界傳播中醫藥文化，探索中醫藥文化創新，堅定文化自信。

大家一定還注意到了，在我們的眾多研究所中，還有兩個很特殊的，那就是「故宮文物南遷研究所」和「影視研究所」。2010 年 6 月，故宮博物院和台北故宮博物院共同組織了一場「重走文物南遷路」的考察活動。同年 10 月，「故宮文物南遷史料展」在神武門展廳舉辦，引起社會各界的廣泛關注。這是我們延續恪盡職守的故宮精神、回顧同根同源的歷史文化的一個重要方式。2017 年 3 月，我在全國政協十二屆五次會議上遞交《關於故宮文物南遷史跡保護的提案》，提議將「故宮文物南遷史跡」整體公佈為全國重點文物保護單位。同年 6 月，故宮研究院

同時設立故宮文物南遷研究所和影視研究所，希望兩個研究所立足故宮博物院事業發展的需要，直面時代學術傳媒發展的浪潮，讓文物回歸本位，讓歷史再現本源，讓古老的故宮插上時尚的翅膀。2017 年 12 月，故宮研究院完成智慧樹網絡課程《走進故宮》的製作，介紹紫禁城建築、故宮文物藏品，分享故宮文物南遷記憶，傳遞故宮文物保護理念及工匠精神。2017 年，677 所高校將此課程列入學分課程以供學生選修，獲得學分課程的學生近 20 萬，滿意度達到 96.3%。2018 年 8 月，主題漫畫《故宮回聲》在騰訊動漫官方平台上線。漫畫以故宮文物南遷為史實基礎，針對遊戲開發者和高等院校年輕群體而創作。這一平台人氣已超 470 萬人次，評分高達 9.5 分。

再比如，故宮研究院還設立了「文博法制研究所」。文博法制研究所的成立具有開創性意義，是國內第一家專門研究博物館涉及的法律問題的研究機構。文博法制研究所始於民族優秀傳統文化走出國門之時遭遇到的法律問題，基於深入貫徹依法治國方略和關於全面推進依法治國的重要指示精神，是為進一步繁榮文博法治理論，特別是為故宮保護法律問題的研究而成立的。文博法制研究所將就有關文物博物館行業的法律問題進行專項研究，為實現法治化提供智力支持。

還有故宮所獨有的宮廷園藝研究所，其建立旨在挖掘和研究宮廷皇家園林歷史、文化以及宮廷傳統花卉植物的栽培歷史、技藝，並通過研究提高故宮古樹名木養護水平及科學保護方法，進而帶動和指導全院的庭園管理工作。研究所的成立揭開了故宮宮廷園藝研究的新篇章，為故宮庭園養護提供了更有力的理論和技術保障，為明清宮廷史、建築設計、考古等相關領域的交叉研究提供了更多的可能，為故宮庭園養護培養更多的人才，同時有利於豐富故宮研究院的研究內容，拓展故宮研究院的研究領域，加強多學科交叉領域研究力量，為研究者提供更為廣闊、自由的研究平台。

❖ 故宮研究院成立鐘錶、影視等研究所發佈會（2017 年 6 月 2 日）

❖ 故宮研究院學術成果交流（2016 年 5 月 5 日）

在設立諸多研究所的同時，故宮研究院也建立了自己的博士後科研工作站。2013年8月，故宮博物院博士後科研工作站申報成功。通常情況下，新設博士後科研工作站需要三年後才能獨立招聘，由於故宮博物院博士後工作成績突出，管理有序，得到管理部門的高度認可，全國博士後管理委員會於2015年6月批覆，同意故宮博物院提前一年半獨立招聘博士後研究人員。故宮博物院博士後科研工作站的設立，一方面是故宮博物院人才培養和人才引進的平台，特別是短期引進高端學術人才，以解決故宮博物院短期人才的不足；另一方面也會促進故宮博物院業務人員深入到學科前沿進行創新性研究。目前，故宮博物院博士後科研工作站研究方向包括考古學、古建築研究、明清檔案及宮廷史研究、明清宮廷史、中國古代書畫鑒藏史研究、新中國出土墓志整理、甲骨文整理、科技保護研究、古窯址調查與研究、明代宮廷工藝史、明代工藝美術史、宮廷戲曲研究、故宮博物院史、清宮古籍研究、中國書法研究等。

故宮研究院和下設的各個研究所是研究機構，是進行研究的場所和平台。那麼研究所裏當然還有一項不可或缺的元素，那就是人員。故宮博物院是學術研究機構，需要加大學術研究力度。全院目前共有400多名高級職稱的研究人員，但是很多老年專家學者早已退休或即將退休。這些專家學者是故宮博物院最寶貴的人才資源，他們一生的智慧都貢獻給了故宮博物院，退休以後仍然眷戀着故宮博物院事業發展，希望繼續從事研究工作。故宮研究院成立後，退休的專家人才由非建制的研究院來聘用，原來博物院主導聘人而遭遇的「編制」瓶頸獲得突破，可以按照「科研項目制」模式，由故宮研究院根據各研究所項目的需要靈活聘任人員，多個研究所的負責人由退休業務院長或老專家、院外專家擔任名譽職務，充分發揮退休專家和院外知名人士的學術影響力。這樣，一群從70多歲直到90多歲的老專家學者們仍活躍在工作崗位上，在他們身邊就會聚集一批年輕學者，言傳身教，傳授學術知識，培養研究素

養，弘揚故宮精神，使年輕學者很快成長起來。例如聘請鄭欣淼先生為研究院院長，朱誠如、李季、晉宏逵、陳麗華、王素先生分別為明清宮廷歷史檔案研究所、考古研究所、古建築研究所、明清宮廷製作技藝研究所、古文獻研究所的所長。故宮博物院院長負責故宮博物院與故宮研究院總協調，在政策保障、行政支持、資源調配等方面提供強有力的支撐，是故宮研究院的「總後勤」。

大家都知道，故宮的一大批專家尤其是老一輩故宮專家，可謂崇文厚德、貢獻巨大。例如著名古文字學家、青銅器專家和歷史學家唐蘭先生，在古文字研究上突破舊説，建構了漢字的「三書説」理論，提出古文字分四系，建立了西周銅器斷代的理論與實踐的系統工程等，給予學術界新啟示、新貢獻。杜迺松先生在《唐蘭先生的學者風範》中説：「先生一直到去世前都在研究探索。無論是在家裏，還是在賓館或路途上⋯⋯」

❖ 故宮博物院博士後科研工作站（2016 年 6 月 25 日）

　　知名清史專家、檔案專家、古建築學家單士元先生，在中國檔案學界是第一個提倡檔案目錄學的，在建築史學界是第一個把古代建築工藝技術研究納入中國建築史的研究範疇之內的，拓寬了古代建築研究的領域。單士元先生在吳仲超院長的支持下成立了古建研究室、古建管理部，開辦琉璃瓦廠，組成一支精幹的古建築修繕隊伍，把自己多年在建築理論及工藝技術等方面的研究成果應用到古建築修繕、管理、保護之中，使我國古建築的研究和實用技術水平大大提高。

　　著名文物專家和歷史學者朱家溍先生在故宮博物院供職 60 年，是多方面的專家學者，是故宮博物院的通人。1992 年國家文物局成立一個專家組，去各地博物館和考古研究所鑒定確認全國各省市呈報的一級文物藏品。專家組裏有專看陶瓷的專家、青銅的專家、玉器的專家，三類以外的文物藏品則主要由朱家溍先生負責鑒定。

　　集學者、藝術家於一身的故宮博物院古書畫鑒定專家徐邦達先生，以書畫本身鑒定書畫，不因收藏者的德行、地位、關係而更改自己的鑒定意見，其鑒定意見的準確程度和權威性舉世公認。徐邦達先生的豐富著作，對於從事研究和學習古書畫鑒定的年輕一代來説，是最系統最全面最可信的教科書。

　　近年來，故宮博物院專家學者成績斐然，斬獲諸多獎項。如于堅、鄭瑉中、耿寶昌、徐邦達 4 位老專家獲得「中國文物、博物館事業傑出人物」榮譽稱號。故宮博物院的這些專家學者，不僅一生勤奮治學、嚴謹治學，而且還誨人不倦，樂於獎掖後進，培養了一代又一代學人。他們共同體現了「故宮人」的特徵，那就是熱愛故宮，以故宮為榮，為故宮博物院的發展做無私的貢獻，嚴謹認真，努力做好本職工作，面向社會，為大眾服務。

　　説起目前故宮博物院返聘年紀最大的，那自然是年近百歲的陶瓷專家耿寶昌先生了。耿先生 1922 年生於北京，自小在北京敦華齋學徒。

1956 年來到故宮博物院，自此從未離開過故宮。60 多年來，耿先生始終保持着對事業的熱愛，也保持着對故宮的真情。雖已年過九十，但他仍在主持編寫《中國陶瓷史》，在 2015 年故宮博物院 90 周年院慶的陶瓷展覽中，他還積極主導《故宮博物院汝窯展》《越窯青瓷展》和《御窯遺址出土與成化瓷器對比展》，可以說，耿先生就是故宮眾多大師的代表，是故宮壓箱底的「寶貝」。

故宮博物院繼承並弘揚公開、開放的好傳統，注重研究成果的發佈、傳播、交流，並不斷採取通俗的形式向社會公眾介紹，通過出版刊物、書籍和召開學術研討會、專題報告會等方式，使故宮研究成果不但在專業領域，而且在社會公眾中產生積極的影響。《故宮博物院院刊》以其傳統文化研究的特色在數千家期刊中被評為「中文期刊海外學術影響力前 50 名」。《故宮學刊》為故宮研究院的院刊，它以文章厚重見長，充分表達學人的學術求證，受到學界的讚譽。古建築研究所合作整理出版的《北京中軸線古建築實測圖集》為北京中軸線研究提供支撐。書畫研究所合作舉辦的石渠寶笈特展及學術研討會引發社會關注。在資料信息部門的技術支持下，學者們對文物藏品新的研究成果也得以轉化在 APP 中，顯現在大眾掌上。

學術開放是時代的趨勢，如今面對社會公眾陶冶情操的需求迅速增長，文化品位的追求迅速提高，故宮博物院在收藏保管、陳列展覽、宣傳教育、文化創意等各個領域均提出了新的目標：讓收藏保管更有規範，告別「守攤看堆」；讓陳列展覽更有文化，遠離「堆砌精品」；讓宣傳教育更有情懷，消除「說教填鴨」；讓文化創意更有品位，杜絕「粗糙仿制」，都體現出「學術故宮」的發展理念，也要求故宮研究人員要上能鑽得進象牙塔，下能接得到地氣。

當然，故宮這座學術研究機構不僅注重研究成果所帶來的學術影響，也注重將學術成果「反哺」於文化創意產品的研發。我們要求每一

件文化創意產品都重視「無一物無來歷」，其「來歷」就是基於故宮博物院通過七年時間完成的文物藏品清理。例如故宮出版社出版的圖書，無論是《故宮日曆》《紫禁城 100》等暢銷型圖書，還是「故宮博物院藏品大系」等圖書工程，都是在文物藏品清理工作的基礎上得以誕生，讓故宮文化帶着厚度、溫度躍然紙上。前面提到的，針對少年兒童的 APP「皇帝的一天」，其中包含的豐富知識，無一不是經過縝密考證和深入研究得以實現。這樣的學術研究要求，保證了故宮文化創意所承載和傳播文化的正確性和前瞻性，真正地體現出故宮文化，以及中國傳統文化的醇厚韻味。

今天，故宮學術研究的領域逐漸擴大，形成重文獻考據的研究特色，有分量的研究成果不斷湧現，研究隊伍不斷擴大，出現了人才輩出的良好局面，一批經過長期培養與實際工作鍛煉的年輕專業人才成長起來，不斷取得令人矚目的學術成就，持續產生具有社會影響的研究成果，梯次研究隊伍結構也使故宮學術發展後繼有人。

故宮是個教育機構，同時也是個學術機構。這也就意味着，我們既要做好大眾普及教育，也要做好學術研究，兩手都要抓，兩手都要硬。故宮是獨一無二的，教育與學術並重的特點也是獨一無二的。故宮博物院蘊含着中華 5000 年文明，承載着紫禁城 600 年歷史，經過近百年的發展，正處在繼往開來的關鍵時期。回顧過去，有曲折，更有啟迪；展望未來，有困難，更充滿信心和希望。在未來，我們仍然要把具有故宮特色的、普及教育與學術研究並重的體系格局延續下去，並不斷提升與擴大故宮在這兩方面的影響，向社會交出更為豐碩的答卷。

❖ 與台北故宮博物院馮明珠院長在故宮研究院（2013 年 11 月 9 日）

工匠精神感動了年輕的一代人

肆

《我在故宮修文物》這部片子不知道大家看過沒有，影響很大，豆瓣的評分達到 9.4 分，甚至超過了《舌尖上的中國》。令我最感動的是點讚最多的居然是在校同學們。沒有想到這種慢節奏的，但是充滿着文化情懷的片子卻真正打動了他們。何以證明呢？第二年報考故宮博物院來修文物的同學就有上萬人。

　　我希望同學們報名前，要了解文物修復保護是一項充滿奉獻精神的職業，日常工作並不像影片裏拍攝得那麼輕鬆，一會兒摘水果，一會兒逗野貓，一會兒彈吉他，那些只是導演為表現文物修復師浪漫情懷的藝術處理。日常真實的工作狀態則是默默無聞地堅守在崗位上，全神貫注於文物修復的過程，日復一日、年復一年，正所謂「擇一業，終一生」，因此必須做好思想準備再考慮加入報名的行列。

故宮「考工記」

　　相信最近幾年訪問故宮博物院的觀眾一定都會發現，我們的一些古建築蒙着一層厚厚的綠色圍擋，外圍搭建着密集的腳手架，建築內外有許多戴着安全帽的工人正在辛勤忙碌着。有些人可能覺得很遺憾，因為這些古建築無法對觀眾開放；還有些人可能覺得很好奇，因為能在故宮裏目睹古建築的修繕是件很幸運的事兒。

　　在這裏我想告訴大家的是，可以抱着一種「期待」的心情來面對我們的古建築修繕，因為我們目前經歷着的是近百年來最大規模的一次故宮古建築維修保護，我們稱為「百年大修」。

　　追溯歷史，故宮的每一次的大修，都伴隨着匠師技藝的傳承。

　　故宮古建築的第一次大修，最引人注目的便是西北角樓落架的大修。故宮的角樓是紫禁城的象徵。你只要從那裏經過，都會忍不住停下腳步來欣賞它。《清式營造則例》中將大木建築分成廡殿、硬山、懸山和歇山四種樣式，角樓是不同於任何一個門類的雜式。一般人形容角樓是 9 梁 18 柱 72 條脊，其實它遠比這要繁複。三層屋簷共計有 28 個翼角、16 個窩角、28 個窩角溝、10 面山花，72 條脊之外還有背後掩蔽的 10 條脊。屋頂上的吻獸共有 230 只，比太和殿的吻獸多出一倍以上。

　　1949 年中華人民共和國成立後，針對紫禁城存在的問題，提出了故宮古建築修繕史上的第一個五年治理與搶險規劃，完成了清運多年積存的大量垃圾廢料，疏浚故宮河道，修繕內金水河兩岸的河牆，治理紫禁城範圍內的地下水道，搶修大量年久失修的古建築，以及重新油飾三大殿的外簷彩畫等。1956 年，啟動了西北角樓落架大修。

故宮博物院考慮到角樓複雜的結構，力邀有「哲匠世家」之譽的原興隆木廠的大木匠馬進考、杜伯堂等為木結構施工指導，保證角樓原樣順利恢復。彩畫則邀請了何文奎，張連卿等京城名匠，還有其他工種的匠師。這些匠師都身懷絕技，人稱故宮「十老」。正是以這十位為代表的匠師們成就了故宮博物院的第一代工匠，同時第二代匠師也得以在這次大修中孕育並嶄露頭角。當年的戴季秋、趙崇茂、翁克良在跟隨馬進考、杜伯堂等師傅維修西北角樓的工程結束後，繼續學習製作模型，一做就是十年。至今故宮博物院古建部仍保留着西北角樓一角的四分之一模型和御花園四柱八角盝頂井亭模型。朴學林、鄧九安、王友蘭跟隨周鳳山、張國安師傅苫背、瓦瓦；張德恆、張德才、王仲傑則跟隨張連卿、何文奎師傅重做了三大殿彩畫，並按比例將故宮大部分彩畫進行描摹，如乾隆花園、三大殿、東西六宮彩畫樣式等，共計三百幅，後制成《故宮建築彩畫圖錄》。

故宮的第二次大修從 1973 年開始。為完成這次大修，故宮工程隊（修繕技藝部的前身）對外招聘了 300 名青年。他們跟着趙崇茂、戴季秋師傅，相繼參加了午門正樓、東西雁翅樓、太和門東西朝房、鐘粹宮、景仁宮、養心殿、慈寧宮花園、東南角樓等施工工程。瓦工學徒跟隨師傅去故宮小石橋宿舍工地參加新樓建設的施工，油畫工學徒跟隨師傅在神武門等處油飾彩畫工地練習實際操作，木工學徒則由師傅定尺寸掌線，教練操作方法，進行一般性的大木製作安裝。到了冬季來臨不適合室外作業的時刻，第二代工匠會為新來的年輕人講授業務。以木作的李永革、黃有芳、翁國強，瓦作的吳生茂、李增林、白福春，油飾的劉增玉、張世榮，彩畫的張志全等為代表的第三代工匠脫穎而出。

2005 年 12 月，中斷近半個世紀的傳統拜師在故宮博物院再次興起。瓦作的白福春拜故宮古建築專家朴學林先生為師，木作的黃有芳和焦寶健拜故宮古建築專家翁克良先生為師，彩畫的張志全拜故宮古建築

專家王仲杰先生為師。這些徒弟在技藝方面已是故宮第三代工匠中的佼佼者，通過拜師，有了向大師學習更多更精技藝的機會，得以更好地延續和傳承故宮古建築營造技藝，從而順利地展開對太和殿以及其他建築的大修工作。

第三次大修，也就是此次的「百年大修」。從 2002 年開始，故宮博物院啟動了「故宮古建築整體維修保護工程」，這是自 1911 年以來的百餘年間，規模最大、範圍最廣、時間最長的一次故宮古建築維修保護，是對歷經幾百年風雨的故宮古建築群進行的前所未有的大規模保護行動，因此也被稱為「世紀大修」。紫禁城是明代永樂皇帝在 1420 年建成的，到 2020 年剛好 600 歲。我們希望經過 18 年的努力，使故宮古建築群整體保持健康穩定的狀況，把一個壯美的紫禁城完整地交給下

❖　王仲杰先生談御花園環境保護（2013 年 1 月 30 日）

一個 600 年。此次整體維修工程遵循「先地下，後地上，先室外，後室內」的原則，對基礎設施、室外環境、古建築單體和室內裝修進行保護修繕，並陸續開放一些修繕後的區域。

還記得大修工程剛剛開工時，當時我作為國家文物局局長，為了保證正在實施的故宮、天壇、頤和園、十三陵等一系列世界文化遺產地古建築的維修保護工程質量，走訪了住房和城鄉建設部，述說了古建築維修保護工程與其他類型的土建工程的不同之處，特別是在保護傳承方面的歷史責任，因此應該建立特殊的行業管理機制。這一建議得到了住房和城鄉建設部的理解和支持。於是，文化部和國家文物局制定了相關規章制度，建立起古建築維修保護行業的勘察、設計、施工、監理等方面的資質系統，一直保持至今。

2012 年，為了培養故宮博物院自己的官式古建築營造技藝的傳承人，故宮博物院面向社會招收了 14 名傳承人。經過一年的學習後，這14 名傳承人於 2013 年進行了集體拜師。張世榮、丁永利、吳生茂、白福春、白強、翁國強、黃有芳、張吉年、劉增玉、張志全等 10 位古建築修繕專業的老師傅，接受了張奉兵、梁利軍、薛永東等年輕學員的拜師禮，我們終於看到了古建築修繕事業的未來，也期待着「工匠精神」的世代傳承。

去過故宮古建築修繕現場的人，就會發現這裏和外面工地的勞作景象有個明顯的區別：這裏沒有起重機，建築材料都是用手推車送往工地，遇到人力無法運送的木料時，工人們會使用百年不變的工具 —— 滑輪組。故宮古建築修繕尊重「四原」原則，即原材料、原工藝、原結構、原形制。在不影響體現傳統工藝技術手法特點之處，工匠可以用電動工具，比如開荒料、截頭，但在大多數時候都用傳統工具：木匠畫線用的是墨斗、畫簽、毛筆、方尺、杖竿、五尺，加工製作木構件使用的工具有錛、鑿、斧、鋸、刨等。

❖ 故宮官式古建築營造技藝培訓班開班儀式（2013 年 11 月 9 日）

❖ 故宮官式古建築營造技藝傳承人考評（2014 年 6 月 25 日）

❖ 考察故宮博物院北院區宮廷園藝研究中心（2014 年 4 月 4 日）

　　最能體現故宮古建築修繕難度的便是瓦作中「苫背」的環節。「苫背」是指在房頂做灰背的過程，相當於為木結構建築添上防水層。有句口訣是「三漿三壓」，也就是上三遍石灰漿，然後再壓上三遍。但這是個虛數。今天是晴天，乾得快，三漿三壓硬度就能符合要求，要是趕上陰天，說不定就要六漿六壓。任何一個環節的疏漏都可能導致漏雨，而這對古建築的損壞是致命的。

　　故宮的老前輩單士元先生曾經強調，在維修保養過程中必須嚴格保持古建築的原來形式及各種實用而又藝術的構件。他指出：「損壞嚴重必須大修繕者則予以修復，在保養和修繕中都是把這些建築物作為文物看待，所以嚴格地保持它原來形式及各種實用而又藝術的構件。由於故宮是我國現存的最完整的古代宮殿建築群，建築結構、工程做法都是值得後世建築家們研究的實物。現在對它們進行保養修繕工作，除去在形式上不變更原來形狀外，有些重點的建築物，在建築材料上也儘量使用原來材料。」

　　在主持 1959 年國慶午門到神武門中軸線上各重要宮殿的油飾工程期間，單老不斷組織查閱文獻資料，向經驗豐富的工匠技師請教。在太和殿、太和門除去了袁世凱稱帝時殘存的粗糙無章的外簷彩畫，考證文獻後重新恢復了康熙三十六年原有的和璽彩畫。在太和殿外簷彩畫重繪的艱苦工作中，他多次攀上高高的腳手架，親自指點每道工序的要點。在他的領導下，這項故宮古建築維修保護工程如期竣工，贏得了人們的稱讚和尊敬。

　　在維修保護的過程中，專業修繕隊逐漸形成了一整套具有嚴格形制的宮殿建築施工技藝，不僅有助於保持故宮古建築的原貌，而且直接推進了中國古建築營造技術的發展。傳統上，官式古建築營造技藝包括瓦、木、土、石、搭材、油漆、彩畫、裱糊八大作，其下還細分有上百項傳統工藝。在森嚴的封建等級制度之下的古建築，從材料到做法都要

嚴格遵循營造則例。代表官式古建築最高等級旳紫禁城古建築，無疑是這一整套營造技藝的登峰造極之作。

「工匠」的「工」字早在殷墟甲骨卜辭中就已經出現過。《周禮》（又稱《周官》）、《左傳》記載了周王朝與各諸侯國都設有掌管營造的機構。無數的名工巧匠為後人留下了那麼多宏偉的建築，但是卻很少被列入史籍，揚名於後世。匠人之所以稱之為「匠」，其實不僅僅是因為他們擁有了某種嫻熟的技能，畢竟技能還可以通過時間的累積「熟能生巧」，但是蘊藏在「手藝」之上的那種對古建築本身的敬畏和熱愛，卻需要從歷史的長河中去尋覓。

將壯美的紫禁城完整地交給未來，最需仰仗的便是這些無名的匠人。故宮古建築的維修保護是一項沒有終點的接力，而他們就是最好的接力者。

❀ 古建修繕中心拜師會（2013 年 2 月 4 日）

工匠精神感動了年輕旳一代人

❈ 故宫大修

「特事特辦」的「百年大修」

紫禁城作為中國明清兩朝皇家的宮殿建築群，代表了中國傳統官式古建築的最高成就，也是中國古代官式建築最後階段的典範。今天故宮內保存的明清官式古建築的各種類型，百科全書式地反映了明清時代的宮廷面貌。可以說，故宮的每一座古建築都堪稱獨一無二，對於它們的每一次修繕，都應該是研究性保護項目，都要承擔不可迴避的歷史責任，應該努力成為古建築維修保護的典範，而不應該作為一般的土木工程和一般的建築工程對待。

故宮這次「百年大修」可以說是舉世矚目，我們「故宮人」對此慎之又慎。從某種意義上來說，當前故宮古建築保護和傳承所遇到的問題，不僅僅是工藝與技術，而是認識和態度的問題，就是應該以什麼樣的理念對待中華傳統文化和人類文化遺產的問題。因此，我們在修繕的同時，也在不斷思考與嘗試，甚至引起保護理念的深化和改變。

2010 年以後，由於體制機制的調整，「故宮古建築維修保護」工程遇到專業隊伍、材料供應、施工周期、技術傳承等諸多新的問題，不得已暫緩實施。一是專業隊伍問題，故宮古建築維修保護工程專業性強，一般企業很難保證修繕工程質量。故宮博物院原有的古建築維修保護隊伍十分專業，在業界引以為傲。但按照現行政策，不能參加自己單位的招投標，於 2010 年被迫解散。二是材料供應問題，過去故宮古建築所使用材料往往由手工製造，經過一道道不可缺少的複雜加工工序保障品質，造價較貴。現在規定古建築保護維修所用材料需要以政府採購的方

式獲得，「貨比三家」所得材料有明顯的價格優勢，卻難以保障古建築維修保護質量。三是周期與經費問題，每年古建築維修保護經費往往在 11 月方能撥付到位，但是第二年的 8 月底和 10 月底就檢查經費使用的「執行率」。如果沒有把錢花出去，不但經費被收回，而且會影響下一年的經費申請。為此需要不斷催促工期，加快實施進度。由於難以保障維修保護的合理周期，一些需要詳細斟酌、需要審慎決策的問題也往往被迫擱置，甚至造成永久的遺憾。四是技術傳承問題，故宮博物院現有的古建築修繕專家年齡結構老化，絕大多數已經接近或達到退休年齡，且受人事制度限制，不能返聘。「師承制」方式培養的人才，受戶籍制度等政策限制，難以獲得事業單位編制，因此面臨人才流失的狀況。如此下去，故宮官式古建築營造技藝將面臨人去藝亡的嚴峻局面。

很幸運的是，在這種困難的情況下，我們還是迎來了改變的機遇。2015 年 11 月，全國政協召開「非物質文化遺產傳承與保護」雙周協商座談，我獲得了 8 分鐘的發言機會，匯報了故宮古建築維修保護中存在的困難和問題，受到時任全國政協主席俞正聲同志的高度重視。我匯報時，俞正聲主席不斷詢問：難道故宮博物院的施工隊伍也解散了嗎？難道古建築修繕也要招投標嗎？難道掌握傳統技能的老工匠也不能返聘嗎？問了很多問題之後，他指示我，給國務院寫個專題報告，反映故宮古建築保護傳承中存在的問題。我說您是常委，我給您寫報告行嗎？他說可以。隨後故宮博物院的報告批轉給了國務院，國務院領導高度重視，由文化部、財政部、人力資源和社會保障部等部門本着「特事特辦」的原則進行研究，提出了解決的辦法。

「特事特辦」成為故宮博物院完善古建築維修保護機制的重要機遇。我認為不僅故宮古建築保護維修應該「特事特辦」，全國的古建築維修保護都應該「特事特辦」，尊重中國古建築的文化特色，尊重中國古建築的修繕規律，保障中國古建築維修保護應有的技術含量。

　　2015 年，在對過往古建築維修保護經驗總結的基礎上，故宮博物院選擇了養心殿、乾隆花園、大高玄殿、紫禁城城牆 4 項亟待維修保護的古建築群，作為「研究性保護項目」的試點，探索古建築維修保護新的實施機制和傳承方式。

　　我們對養心殿的重視程度非同尋常。養心殿始建於明嘉靖十六年（1537 年），是營建資料保留最完整的皇家宮殿建築之一，是世界記憶遺產清代樣式雷建築圖檔的實物見證。養心殿得名於《孟子·盡心下》「養心莫善於寡欲」，主體建築是明代官式建築的遺存，原是皇帝正寢宮殿一側的便殿。自雍正皇帝起將其作為寢宮和日常理政的中心，清代中期以後的歷代皇帝都將其作為實際上的正寢宮殿，幾乎見證了清代雍正朝

❖　考察乾隆花園三友軒（2013 年 3 月 14 日）

以後歷次重大歷史事件的發生，是清代皇帝高度集權的政治體制下的中心場所。

養心殿區域位於養心門內，乾清宮西側，西六宮南面，為一組紅牆圍護的獨立院落。南北長約 94.8 米，東西寬約 81.3 米，佔地約 7707 平方米。包括養心殿、工字廊、後殿、梅塢等 18 座建築，總建築面積約 3887 平方米。養心殿是清朝盛期理政空間的典範，是乾隆皇帝「內聖外王」人生追求在紫禁城內最具代表性的藝術表達，集中體現了乾隆皇帝的治世理想與人文修養，也是中國古代多元文化和諧共生以及中西文化交流的藝術結晶。養心殿為「工」形，前後殿間以穿廊相連，形成前朝後寢的格局，殿內佈局豐富，功能集中，廳堂、書房、寢室以及分別用來批閱奏摺、密談、休憩、禮佛的小室一應俱全。前殿東西兩側有配殿，後殿兩側有耳房，名為體順堂和燕喜堂。

養心殿的格局和陳設雖然根據不同時期有所變化，但是仍然保留着清代雍正皇帝以後各個不同時期的原狀陳列，是研究清代工藝美術發展及清代帝后理政和寢居空間的珍貴史料。養心殿內現存各類室內外陳設 1890 件，涉及銅器、玉器、瓷器、木器、書畫、古籍等，均具有極高的文物價值。

2015 年年底，「養心殿研究性保護項目」正式啟動。此次維修保護作為科研工作、文化工程來對待，當作整體項目來運作，希望能夠率先實現以「研究性、預防性」為主的科學修復，為國內文物建築保護做出表率。在開始維修保護前，我們動員各相關部門專業人員，先行開展學術研究，從養心殿的歷史沿革到文化事件，從文物建築到文物藏品，從室外景觀到室內環境……專家學者上報了 36 個相關科研課題，經過學術委員會審查通過了其中的 33 項，共有上百名研究人員投入養心殿維修保護前期研究工作。同時，開展更為詳細的勘察、測繪，使項目建立在充分的科學研究的基礎之上，努力成為古建築維修保護的典範。

2016 年 4 月，這 33 項「養心殿研究性保護項目專項課題」獲得立項，為項目提供具有支撐作用的學術成果和人才力量。故宮博物院希望就此開闢文化遺產保護的新途徑，建立工匠招募、考核與培訓機制，建立官式古建築修復材料供應基地，制定材料性能標準，為挽救瀕臨消亡的古建築營造工藝、裝修工藝，以及文物修復工藝做出貢獻。

在修繕工作開始之前，我們首先對養心殿進行「撤陳」。2016 年 5 月 30 日，養心殿可移動文物的撤陳工作正式啟動。我們制定了詳細的工作時間安排表，以及相關制度和措施。撤陳工作以殿座為單位，按照文物類別，由原狀陳列負責部門分別點交給各個相關業務部門，然後由各業務部門中的專業科組負責相應文物的撤陳入庫工作。具體撤陳程序是：第一步，平面陳設如玉器、漆器、琺瑯、玻璃、盆景、鐘錶等（器物部、宮廷部、圖書館負責接收）；第二步，家具陳設和帷幔、坐墊等（宮廷部負責接收）；第三步，宮燈（宮廷部、器物部負責接收）；第四步，超大型家具（宮廷部負責接收）；第五步，書畫、帖落、隔扇芯（書畫部負責接收），依次進行。對於文物的包裝採用了公開招標形式，由境內具有文物包裝運輸資質和豐富文物包裝經驗的專業公司承擔。在撤陳工作現場同時開展文物除塵和基礎影像採集工作。

2018 年 9 月 3 日，養心殿研究性保護項目正式開工。這是我國首個可移動文物與不可移動文物的綜合研究性修復項目，因此其重要性不言而喻。我們在對養心殿進行修繕的同時，也專門拍攝了紀錄片《故宮新事》，現在已經出到了第四集。觀眾朋友們可以通過紀錄片，來全程了解養心殿大修的全過程。除此之外，還想告訴大家，大修之前養心殿只開放了 17%，大修之後超過 80% 的區域都會開放，並且與現在的「隔窗欣賞」不同，屆時觀眾可以進入室內參觀。

乾隆花園又稱寧壽宮花園，是故宮四大花園（御花園、建福宮花園、慈寧宮花園和寧壽宮花園）之一，是乾隆皇帝為自己退位後修建的

頤養之所。乾隆花園位於故宮寧壽宮區的西北角，建於乾隆三十六年到四十一年，歷時六年修建而成。乾隆晚年降旨不許對寧壽宮進行改建，這是乾隆花園得以完整保存至今的重要原因。乾隆花園南北長 160 米，東西寬 37 米，佔地面積 5920 平方米。花園分為四進院落，共有建築 20 餘座。主要建築物有古華軒，遂初堂、萃賞樓、延趣樓、三友軒、符望閣、玉粹軒、倦勤齋等。

乾隆花園的修繕項目計劃在 2020 年完成。修繕過程中，每一道工序都要進行詳細的記錄，都要公開出版修繕報告，每一項傳統工藝都要用原材料、原技術進行修復，從牆上摘下的牌匾、楹聯、貼落等都要準確定位，修繕之後一絲不差地回歸原處。

以倦勤齋為例。早在 2003 年 3 月，故宮博物院就開始與美國世界文物建築基金會合作進行倦勤齋室內裝飾裝修保護與修繕工程。在雙方的共同努力下，2008 年 11 月，倦勤齋保護與修繕工程順利竣工。但其修繕過程極具挑戰。

倦勤齋由乾隆皇帝親自設計，地面是蘇州產的金磚，繡品是蘇州產的夾絲雙面繡，176 扇窗戶上和樑架上鑲嵌着 2640 塊和田玉。此外，倦勤齋內部裝飾大量使用竹製品。其中，東五間仙樓上下的檻牆部分都採用了貼雕竹黃工藝，且目前皇宮建築內裝修使用竹黃僅見此一處，極為寶貴。中國竹工藝大師何福禮為了鑽研這項失傳工藝費盡心思。竹黃要軟化至紙片一樣薄，並能像布一樣在凹凸不平的木雕圖案上進行鑲貼。竹子太老或太嫩都不行，另外越軟化竹子的纖維就越少，可太脆了也不行……我們由此可以了解到老祖宗的工藝有多麼了不起。

屋內還有一幅通景畫，畫着開滿花的紫藤架。在對它進行修復的時候發現，這幅通景畫所用的背紙是用桑樹皮製作的一種手工桑皮紙，為了找到相同工藝水平的紙，專家多次到各地尋訪，最後在安徽找到製作手工桑皮紙的技藝傳承人，經過上百次的試驗才研發成功，然後用於這

❋ 故宮大高玄殿修繕工程開工儀式（2015 年 4 月 2 日）

❋ 南大庫維修保護工程（2016 年 4 月 16 日）

❋ 故宮大高玄殿修繕工程現場（2016 年 11 月 8 日）

幅通景畫的修復中。

倦勤齋通景畫的修復推動了桑皮紙製作技藝的復原，並於 2008 年被列入國家級非遺名錄。雖然今天人們看不到通景畫背面的工作成果，但是其修復技術、工藝很好地保留了下來，可以讓後人了解和傳承，這就是今天修繕工作秉持的原則，即「為未來而保護今天」。

大高玄殿坐落於神武門外，毗鄰紫禁城西北角，始建於明嘉靖二十一年（1542 年），是明、清兩代皇家御用的道教宮觀。歷史上，大高玄殿數次遭受磨難，破壞嚴重，後於 2014 年正式回交故宮博物院，並開始全面地勘察調研和修繕保護工作。我們首先拆除了 6000 平方米的違章建築和臨時建築，同時作為「研究性保護項目」，採取多學科融合的維修保護方法，讓更多的學術機構、研究單位參與進來。

特別值得一提的是引入了考古研究，不但開展院落地面的考古，而且進行古建築屋頂、樑架的考古。借鑒考古學中地層學、類型學理念，相關人員詳細記錄和認真研究大高玄殿從明代到當代的整個生命歷程，不放過每一道文化痕跡、每一條歷史線索，包括每一塊瓦當上的銘文、每一段木構上的題記。他們研究歷史上工匠的信息、材料的產地，採用現代技術進行科學記錄，然後確定修繕時需要保留的信息，需要採取的措施。

第一期文物建築本體維修保護工程，於 2015 年 4 月 2 日正式開工，至 2016 年年底竣工。大高玄殿建築群中大多數殿座仍然保留有明代始建時期的木構與形制，這具有重要的歷史、藝術、社會價值，是紫禁城內明代官式建築的又一重要範例。此次修繕工作承擔着給故宮博物院研究性修繕保護工程投石問路、積累經驗的重要任務。

2016 年開始，我們還將故宮城牆列入「研究性保護項目」。故宮城牆總長度 3437.6 米，不含城台的總長度 2914.3 米，城牆頂寬 6.63 米，底寬 8.55 米，高 9.3 米。主體結構為內以夯土為核心，外包磚砌體形

式，四個方向開有四座城門，城門上建有城台和城樓。城牆存在的安全隱患主要有面層磚的酥鹼、風化、離鼓，且離鼓區域存在相對鼓脹情況，最大鼓脹量可達 20 厘米；側牆上存在多條垂直裂縫，側牆上部多處砌體因灰漿流失而鬆散、缺失；城牆地面沿中線有貫穿裂縫；城牆地面塌陷、夯土流失，城牆地面和側面有草木或藤本植物。這些都嚴重影響着城牆的安全，如遇暴雨將有局部坍塌的可能，修繕工作刻不容緩。

我們委託勘察單位對故宮城牆整體進行了詳細的勘察並做出病害分析，針對險情最為嚴重部分制定了科學的修繕方案，從而啟動了城牆第一期修繕工程。

這當中，還有一段城牆「病情」最嚴重。它位於西華門北側第一歷史檔案館以北，共計 233 米。據現有資料記載，該段城牆在 20 世紀 50 年代至 70 年代有兩次局部修補記錄，在 90 年代進行的維修均以城牆外側修繕為主。2013 年我們發現了這段城牆的嚴重險情後，於 2014 年對面層磚嚴重斷裂、空鼓部分採取了臨時的支頂加固措施。這一次大修將主要以城牆內側修繕為主，對城牆地面、城牆內側牆面、宇牆及堞牆內側牆面進行整體修繕。

此外，在修繕中我們將針對傳統工藝、傳統材料進行科學記錄、實驗，通過對傳統工藝以及傳統材料的探究，對工匠的訪問以及實驗等途徑找到適合本次修繕的材料以及工藝方法，為後續的城牆修繕工作提供切實可行的依據和方法。與城牆修繕同步進行的基礎設施維修改造一期（試點）工程，旨在解決故宮博物院排水、供電、供暖系統等存在的配套設備老化、供應能力不足等安全隱患，消除對文物建築安全造成的威脅。這一部分工程涉及改造區域總佔地面積約 169485 平方米。

2002 年故宮古建築整體維修保護工程伊始，故宮的開放面積僅有 30%；至 2015 年已經達到 65%；2018 年 9 月故宮南大庫家具館的開放，更使開放面積達到 80%；我們力爭到 2025 年開放面積達到 85%。對於

觀眾而言，這樣的開放確是一個值得慶祝和欣慰的消息。我們期待更多、更全面展示故宮古建築群的完整面貌和多樣性，為故宮博物院的豐富藏品提供更多的有效展示空間，並通過擴大容納參觀者的區域來緩解參觀高峰時期的擁堵問題。不管是從最大限度地保障觀眾參觀需求的角度，還是從展示歷史文化遺產魅力、提升觀眾服務水平的角度，故宮博物院逐步擴大故宮開放區域的做法都是值得肯定的。這也是對公眾參觀期望指數不斷增高的一個理性回應。

故宮古建築整體維修保護工程，可以讓參觀者看到一個更加真實的故宮，同時也可將眾多失傳的傳統文化技藝找回並留存下來。故宮歷史上的三次大修分別成就了三代工匠，也造就了故宮的大匠精神，蘊藏在「手藝」之上的對古建築本身的敬畏和熱愛，應當被銘記。

❖ 午門雁翅樓保護修繕（2015 年 6 月 12 日）

我在故宮修文物

　　清晨，清脆悅耳的鳥鳴中，故宮博物院的朱紅大門緩緩開啟，文保科技部的閔俊嶸老師又開始了康熙朝皇家屏風的修復工作。彷彿魔術師一般，這些原本蒙塵、破損的歷史珍存，在他日復一日的細緻擦拭、精心修復中，刮垢磨光、重煥光彩……

　　2016 年播出的一部紀錄片使得故宮文物修復走入大眾視野，那就是《我在故宮修文物》。這是該片同名紀錄電影當中的一個普通鏡頭，也是故宮文物工作者經年累月用匠心呵護文物的縮影。

　　原本不為人所知的故宮文物修復，通過這部紀錄片變得炙手可熱，算是近年來博物館第一次大規模「吸粉」。如果給故宮的關鍵詞做一個熱搜榜的話，那麼文物修復師所在的「故宮文物醫院」，絕對在這兩年高居榜首。

　　2016 年，故宮博物院同中央電視台合作推出了大型文物修復紀錄片《我在故宮修文物》。拍攝的緣起，就是中央電視台對故宮文物修復不斷有新成果呈現感到欣喜，認為應該把這種科學的態度特別是工匠精神在社會上呈現出來。《我在故宮修文物》記錄了故宮書畫、青銅、鐘錶、木器、陶瓷、漆器等領域稀世珍寶的修復過程，集中展示了故宮殿堂級的「文物醫生」以及讓舊物重光的神奇「文物復活術」。這部片子播出後，很快就憑藉其深刻的思想內涵、鮮明的藝術風格、精湛的工藝技術、高雅的文化品位，贏得了公眾口碑。

　　儘管紀錄片只有三集，卻迅速火爆網絡，在視頻網站上爆紅，點擊

量超過百萬，並引來全國眾多媒體持續的宣傳報道。豆瓣評分 9.4，70% 的人給了五星好評，超過當時同為爆款紀錄片的《舌尖上的中國》和熱播電視連續劇《琅琊榜》，成為年度最具影響力的紀錄片。在 B 站，《我在故宮修文物》獲得了極高的人氣，點擊量近 200 萬，收穫 6 萬多條彈幕。網友用彈幕表達看片感受，如「三集不夠看，要看第四集」「簡直是故宮博物院的招聘廣告，我要投簡歷」，等等。毫無疑問，文物保護這個領域正受到前所未有的關注。

更為重要的是，給這部紀錄片點讚的人有 70% 是 18~22 歲的年輕人，這令我很感動。我們原來的設想就是通過紀錄片展開科普，告訴大家故宮文物修復的技術、我們的態度和做法，可能中年人、老年人會比較喜歡。沒想到現在年輕人更認可「擇一業，終一生」的精神，這給我們很大的鼓舞。原來我們以為學生們喜歡蹦蹦跳跳、打打鬧鬧、擁擁抱抱的那些片子，沒有想到靜靜地日復一日、年復一年修文物這樣的片子

❖ 紀錄電影《我在故宮修文物》新聞發佈會（2016 年 11 月 8 日）

感動了他們。在這裏，我得給同學們道聲歉。

《我在故宮修文物》在社會上，特別是在青年學子中產生廣泛影響。2017 年，有 1.5 萬人報名故宮博物院，其中不少報名者希望從事文物修復工作，可惜故宮博物院一年只能招收 20 名相關人才。從此之後，年輕人熱愛文化的情景在故宮博物院裏司空見慣。例如趙孟頫特展期間，我走進展廳後發現，70% 以上都是年輕人，再一問，很多年輕人有的來了 3 次，甚至有的來了 6 次。他們對書畫作品這麼喜歡，過去我也沒有想到。我們應該以更多他們喜歡的作品，包括影視作品，來融入他們的生活。

《我在故宮修文物》深刻揭示了博物館文物藏品保護修復這一被稱為博物館「背後的故事」的工作，也將鍥而不捨、默默無聞、一絲不苟、精益求精，堅守在保護修復文物崗位的專家群體呈現在廣大觀眾和社會公眾面前。比如片中提到了一位儒雅的修錶老師——王津，也成了家喻戶曉的「明星」。不少年輕人也稱他為「男神」。其實王津老師也確實很神奇，這些 18 世紀的西洋鐘錶，經過他的細心修復，錶針還可以走得準，那水得流淌，小鳥得叫喚，小人得出來，到點兒還得打鐘，背景還有音樂，幾套機芯需要聯動起來，真是不容易。更神奇的是，某天我在食堂遇到他，他說準備去趙美國，我問你幹什麼去呀？他說去領獎，他獲得了休斯敦國際電影節的「傑出貢獻白金獎」。我問你演什麼了？他說我什麼都沒演呀！就是每天正常地工作，被拍攝了下來，就獲得了大獎。不僅王津老師，《我在故宮修文物》這部片子的熱播，使故宮博物院的所有文物修復專家學者們的工作價值、工作態度、工作技藝得以呈現，例如古書畫裝裱修復專家單嘉玖教授、青銅器修復保護非物質文化遺產傳承人王有亮先生，以及瓷器修復、木器修復、漆器修復、樂器修復、鑲嵌修復、掛屏修復，還有象牙、螺鈿、緙絲、唐卡、織繡修復的老師們，他們的工作都在社會上得到了廣泛認可。

　　紀錄片播出之後，我們也在想：如何應對社會公眾對於文物保護前所未有的熱情關注？如何在文物保護修復過程中最大限度地保留歷史信息？如何使現代科學技術與傳統修復技藝在文物保護修復過程中有機結合？如何在公眾關注的目光中普及文物保護修復的正確理念和科學知識？如何使社會公眾對於文物保護的知情權、參與權、監督權和受益權得到保障？如何使世代傳承的「工匠精神」得到堅守並在社會生活中得以弘揚？換句話説，「故宮文物醫生」有了，並且已經讓大家知曉了，那麼我們的「故宮文物醫院」得迅速跟上！

　　事實上，每一件靜靜地被陳放在文物庫房、陳列於文物展廳的文物藏品和展品，都擁有各自的生命歷程。在它們的本體上積澱有大量珍貴的歷史信息，也閱歷過一些鮮為人知的歷史事件。因此，需要在文物保護修復過程中更多地保留這些歷史信息，深入揭示這些歷史事件。要實現這一目標，文物修復不能僅僅是部門的、行業的、專業的工作，而應該是跨部門、跨行業、跨專業的綜合性工作；文物修復不應是一個封閉的領域，而應是多學科融合的開放系統。

　　以往，世界各地的醫學都是傳統醫學，醫生憑藉自己的經驗為病人治病。直到 19 世紀中葉，科學家將實驗室裏的科學儀器引進到醫學領域，由此奠定了現代醫學的基礎。建立「故宮文物醫院」的倡導者、「故宮文物醫院」院長宋紀蓉博士認為：「如果説傳統的文物修復技藝是『中醫』，現代的科學技術則是『西醫』，要建立擁有現代科學理念的文物修復醫院，必須中西醫結合，標本兼治。」而「得天獨厚的傳統文物修復技藝，加上現代的科學技術，使故宮博物院有能力構建一所有現代科學理念的文物修復『全科醫院』。」

　　現在如果一個人患病到醫院治療，醫生不會直接給病人開藥或開刀，而是首先需要掛號，取出以前的病歷，使醫生由此了解病人既往的病史；隨後是一系列必不可少的身體狀況檢查，包括測量體溫、血壓、

�֍ 文物藏品保護修復（2014 年 8 月 13 日）

心跳、再根據病情或進行驗尿、驗血，或通過聽診器、心電圖、X 射線、B 超、CT 機、核磁共振等設備的應用，進行更詳細的檢查，以便精準地知道其病因所在，科學地確定治療方案；之後，才可以進行治療，對症下藥，做到藥到病除，恢復健康。在治療的過程中，醫生還要不斷觀察病人的情況，採取相應的治療措施，取得預期的療效。所有這些過程均進行詳細記錄，待病人康復以後，此次治療的全部過程併入病歷檔案，以備今後查閱。

文物同樣具有生命歷程。對於一件文物藏品來說，在開展修復工作之前，進行詳細的病情診斷也應成為不可或缺的內容。例如一件青銅器進入「文物醫院」，首先應對其生命歷程進行梳理，包括產生年代、出土地點以及製造工藝特點等；其次對其進行全面的檢測分析，包括成分及不同時代在其本體上的信息疊加；再次對其健康狀況進行評估，對其病害進行詳細的研究，釐清其病害機理及產生原因；最後在全面詳細檢測的基礎上，進行深入研究和準確判斷，通過專家會診，制定科學的修復方案，根據修復保護方案有序開展修復工作。同時在修復過程中，詳細記錄每一個修復步驟及細節，例如採取了何種技術、何種材料、何種工藝對文物本體進行干預，並及時留存圖像資料。待修復工作完成後，應及時編寫文物修復報告，並對社會公開。這份「病歷」即修復檔案將一直伴隨着這件文物的生命歷程，有助於幫助未來專家了解文物的「病史」，再現當年修復保護的全過程。例如經過全色的部位、黴菌處理的部位、修補的部位等均可以清晰回顧，為未來世代文物的保護修復提供借鑒。

實際上，故宮博物院所擁有的眾多類別文物修復保護技藝，均經歷過世代傳承。例如古書畫的裝裱修復距今已有 1700 多年歷史。唐宋時期，宮廷裝裱已形成十分嚴格的樣式。明清時期，又形成了以京城為中心的「京裱」和以蘇州為中心的「蘇裱」，而宮廷的造辦處則集兩大門派的優點為一體，形成獨具特色的裝裱修復技藝。再如，早在春秋時期，

青銅器鑄造已達鼎盛，青銅器的修復與複製技藝隨之產生。明清時期，青銅器修復領域出現不同派別，故宮博物院的青銅器修復技藝則源自「京派」的「古銅張派」。如今，古字畫的裝裱修復技藝、青銅器的修復技藝等，已先後被列入國家級非物質文化遺產。

20 世紀 50 年代，故宮博物院組建了文物修復工廠。80 年代，文物修復工廠擴建為文保科技部，成為專門從事文物保護、修復和研究的部門。以往，文物進入文保科技部修復，只附帶修復單，記載文物號、傷況、文物名稱、送修人，需要修復部位等幾項簡單的信息。近年來，故宮博物院文保科技部開始建立起詳細的文物修復檔案。任何進入文保科技部修復保護的文物，首先需要對其狀況進行詳細記錄。文物修復前、修復中和修復後的情況，通過拍攝高清晰對比圖錄入檔案。今天，累積研究數據應成為文物修復保護非常重要的環節。

同時，在文物修復保護過程中應更多採用現代科學技術進行分析檢測。例如，書畫類文物在修復過程中，需要利用現代儀器檢測分析，對於殘破、缺失、褶皺、斷裂、黴變、污染、變色、空鼓、粘連等不同病況，確定適宜的治療方案。再如織繡類文物在修復過程中，也需要借助現代儀器，將肉眼看不到的黴菌，經過數十倍、上百倍的放大，使之呈現出菌絲生長的狀態。

此次建立的「故宮文物醫院」，是長達 361 米的兩排建築，外觀保持傳統建築面貌，內部是建築面積 13000 平方米的現代化工作用房，通過地下通道與地下文物庫房相通，以保證文物藏品移動過程中的安全。「故宮文物醫院」保護人員編制擴大至 200 名，實現多學科融合。目前一些世界級的博物館擁有三四十名文物修復保護人員已經很了不起，故宮文物醫院為什麼要匯集 200 名「文物醫生」？實際上，這些「文物醫生」半數以上是擁有自然科學研究背景的專業人士，他們可以針對文物藏品進行分析、檢測、探傷，制定分析研究報告和文物修復方案。

※ 青銅器修復 1- 碎塊整理

※ 青銅器修復 2- 物理方法去鏽

※ 青銅器修復 3- 化學方法去鏽

※ 青銅器修復 4- 整形

※ 青銅器修復 5- 焊接，粘接

※ 青銅器修復 6- 拼接

※ 青銅器修復 7- 補配

※ 青銅器修復 8- 作色

　　與此同時，我們還為故宮文物醫院配置成套先進且適合文物修復的精密儀器設備，包括能量色散 X 射線熒光光譜儀、波長色散 X 射線熒光光譜儀、激光誘導擊穿光譜儀等元素分析設備、X 射線衍射物相分析設備，顯微紅外光譜儀、顯微激光拉曼光譜儀、近紅外光譜儀、紫外可見分光光度計、熱裂解氣相色譜質譜聯用儀、超高效液相色譜質譜聯用儀、超臨界色譜儀等分子結構分析設備，環境實時監測系統、氙燈老化試驗箱、恆溫恆濕老化試驗箱、全自動運動黏度測量系統、光纖光譜儀等環境、蟲害與老化設備、同步熱分析儀、熱膨脹儀、高溫物性測試儀、衝擊測試系統等熱性能、物理性能設備，微焦點 X 射線探傷機、通用型文物 CT 系統、光學相干斷層掃描系統、高光譜成像系統、多光譜成像系統等無損成像、測量設備，掃描電子顯微鏡、超景深三維視頻顯微系統、激光共聚焦顯微鏡、偏光顯微鏡、金相顯微鏡、生物顯微鏡、實體顯微鏡等顯微觀察設備，以及三維打印機、熱釋光測量系統等近百台設施設備。

　　還可以舉一些例子。在古書畫裝裱修復方面，故宮博物院一直是業內最高水平，但是今天遇到難題的時候，會有更多的修復保護手段。例如近年來正在維修保護乾隆花園，乾隆花園內最高的建築是符望閣，符望閣裏的一面牆上曾經有過一幅大型繪畫，70 年前解放戰爭時期，這幅繪畫堆落了下來，當時的老員工就把這幅畫包了起來。70 年過後的今天要維修保護時，打開一看，這幅畫已碎成了上千片。但是在計算機系統的輔助下，文物修復專家用三個月的時間居然把它拼對了起來，又用了一年多時間完成了修復保護。今天人們看到的是清朝著名學者董誥畫的一幅非常漂亮的畫，這幅作品實現了起死回生。

　　河南上蔡出土的一件青銅器，出土時就已經碎成了 200 多片，沒有辦法進行研究。但是在無損探傷的設備支持下，在最大的一塊青銅片的銅鏽下面，居然發現了 20 多字的銘文，得以知道這是一件帶有先秦銘文的青銅

器，是製造於春秋時期的一個鼎，非常珍貴，如今已經完成了維修保護。

再舉一個例子。雖然目前在西藏、四川、青海等地區還有人在製作唐卡，但是沒有人會維修古代的唐卡，因為如果不了解當年使用的材料、顏料、織繡方法，就會把古代的唐卡修復成了現代的唐卡。故宮博物院收藏有 2000 多件唐卡，長期以來也沒有進行維修保護。今天，故宮文物醫院掌握了唐卡的維修保護技術。例如養心殿內昔日雍正皇帝晝夜批奏摺的那個房間北面有一個小佛堂，小佛堂的二層仙樓掛着 48 塊唐卡，已經保存了 200 多年，亟須維修保護。我常給大家介紹其中的第 34 號唐卡——上樂王佛修復前後的對比，通過維修保護可以了解到這件唐卡上面一共有 25 層堆繡，使用了 32 種不同的材料，在唐卡上面有 50 多個小頭像，有 632 顆小米珠。放大 20 倍以後，這些頭像的鼻子、眉毛、眼睛、嘴就清晰呈現出來，這些小米珠如何串聯、如何並聯，可以觀察得清清楚楚。再放大 100 倍，每一根金絲、銀線是如何編織的，每一個細部是如何製作的，都可以清晰呈現。所以，在修復保護的過程中就不會改變唐卡的原狀。因此，今天可以驕傲地講，故宮博物院已經掌握了古代唐卡的維修保護技術。

其實，最近幾年來，不論是記錄文物修復工作的《我在故宮修文物》，還是反映養心殿研究性保護項目進展的《故宮新事》，都讓觀眾了解到故宮專家在保護文化遺產方面做出的努力，也更讓人們了解了一個詞——工匠精神。《我在故宮修文物》的成功，其實就是故宮博物院所深藏的「工匠精神」受到了公眾的關注。

一部紀錄片讓故宮博物院的文物保護修復工作從「幕後」走向「台前」，為大眾所知曉。我想，該紀錄片受到關注的原因，除了文物修復師們精湛的技藝，更多的正是凝結在器物本身上的一代又一代專家的匠心，也就是「工匠精神」。對於博物館的文物修復專家來說，在這些技術層面的「手藝」之上，是對文物和中華民族文化瑰寶的「敬畏」。每一

件文物都承載着千百年前藝術家或匠師的心血和智慧，是古人精神生活的物質載體；能夠歷經千百年流傳至今更是不易，所以修復工作容不得半點閃失。作為文物保護修復師，對待工作要有細心、耐心、責任心，也會不由自主地擁有更高層次的追求，也就是對待文物藏品和傳統技藝的那份「虔敬之心」。

實際上，在故宮博物院，像這些文物修復師一樣，日復一日、年復一年為保護故宮古建築和文物藏品而默默付出的「故宮人」還有很多。這種「工匠精神」其實是一代代「故宮人」積累和傳承下來的精神財富。

我剛到故宮博物院工作時，在文保科技部看到一位專家在修復一件漆器，幾個月過去了，再來到這個文物修復室，專家還在修復這件漆器，於是請教要修多長時間，專家的回答令人印象深刻。專家告訴我在北京只有伏天、潮濕的季節，一天才能刷兩道漆，平常的日子一天只能刷一道漆，而要修復這件器物一定要刷滿 100 多道漆，一道都不能少，因此需要幾個月時間。我感覺這就是我們讚美的工匠精神。

從紫禁城的修建開始，「工匠精神」就貫穿其中，例如「樣式雷」家族。雄偉壯麗的紫禁城古建築，其設計通常由皇帝欽派親王及內閣重臣組建工程處，下設樣式房，派最優秀的樣子匠及建築師供役。樣子匠負責建築規劃、設計、製作畫樣、燙樣、指導施工，並協同編製《工程做法》。從康熙朝直至清末民初，樣式房的主持人主要出自雷姓世家，他們以出神入化的精湛技藝，取得了卓越的成就，受到上自朝廷君臣、下至世人的敬重，被譽為「樣式雷」。

紫禁城建築無論興建、改建還是修葺都是在十分嚴密的管理體制下，經過程序周詳、構思巧妙、方法精審的規劃設計，再按照設計圖樣、模型及施工設計說明進行。故宮大部分古建築的藝術結構，都濡染有「樣式雷」建築世家的心血，是這個雷姓家族前後八代延續 200 多年主持清代皇家建築設計事務的成果。

像這樣一個傳承不輟的優秀建築世家，設計出規模如此浩大、類型如此眾多、技藝如此卓絕的不朽傑作，在中國建築史，甚至在世界建築史上，都堪稱無與倫比的奇跡。

《我在故宮修文物》的紀錄片使得文物修復師走近大眾，但是這一專業領域人才稀缺。據第一次全國可移動文物普查成果顯示，我國有可移動文物共計 10815 萬件（套），這些珍寶中需要修復的比例是 37.12%。以故宮博物院為例，以現在的修復人員把現存文物修復保護一遍至少還需要百餘年。

大家通過《我在故宮修文物》認識了王津師傅，但大家又可曾知道，與全國大量的鐘錶文物收藏數量來比較，我們掌握鐘錶修復技藝的力量還相當薄弱，人才也相當稀缺。僅故宮博物院就收藏了 2200 餘件古鐘錶儀器，而掌握鐘錶修復技藝的人才只有 4 名。對於非物質文化遺產的保

❖ 文物藏品保護修復（2014 年 8 月 13 日）

❖　河南上蔡出土的春秋升鼎修復前

❖　河南上蔡出土的春秋升鼎修復後

護，最為重要的措施就是充分發揮這些優秀文化遺產的共享價值，培養有力的傳承人，讓更多的人參與到對於這些遺產的保護中來。

我所理解的工匠，「工」就是幹活，就是工作，「匠」是技術，是技藝，但是加上一個「精神」就進入了價值觀領域、思想文化領域。工匠精神要傳承，用什麼方法傳承？在德國、在日本也有好的經驗，我在 1980 年到日本留學，四年以後回國工作，學習的內容就包括職業教育。所以我理解，只有重視職業教育，能夠一代一代地把傳統文化進行梳理、加以傳承，才能夠形成社會尊重工匠精神的良好風氣，才能使工匠精神呈現出更多成果，在今天人們現實生活中不斷得以體現，並不斷惠及人們的生活。

故宮博物院很多老工匠由於沒有幹部身份，到了年齡要退休，不能返聘，院裏八大作的傳承人一個一個都走掉了。他們培養的年輕人大都是來自周邊地區，沒有北京戶口進不來故宮博物院；北京本地的年輕人又很少願意學瓦匠、木匠。

2015 年，故宮博物院和北京國際職業教育學校聯手，首次開設了文物修復與保護專業。故宮博物院修復專家成為授課主力，但是受學歷限制，該專業畢業學生想要進入故宮博物院從事文物修復，還有難度。為改變這一局面，2017 年 5 月，北京聯合大學、北京國際職業教育學校和故宮博物院聯合開展的文物保護與修復專業高端技術技能人才貫通培養試驗項目獲得批准。30 名北京籍初中畢業生將在故宮專家的口傳心授下學藝，學成之後，將獲得本科學歷。

李克強總理在 2016 年的政府工作報告中，提出了培育「工匠精神」。這是一個鮮明的信號，更是一個積極的導向。

「工匠精神」代表着一種時代的精神氣質，精益求精，注重細節，追求完美和極致。大國工匠精神的鑄造，需要各行各業的強力支撐。「工匠精神」是中國自古以來擁有的民族精神。文化創意產品研發，也需要尋找中華傳統文化的「工匠精神」。今天故宮博物院應將「工匠精神」滲

透到各個領域，去除浮躁，去除單純的逐利心理，將文物背後的人文情懷、藝術造詣、時代精神播種在廣大觀眾和社會公眾心中。

因為「工匠精神」，600 年的紫禁城才可以駐顏有術，青春不老。下一個 600 年，再一個 600 年，我們的故宮會永遠古老而又生機勃勃。也正因為故宮博物院的工匠們「擇一業，終一生」，故宮，才是大家心目中那個永遠的故宮。

❖　木樓嵌銀花座鐘修復後

❖ 象牙群仙祝壽塔修復後

伍

管理改革
——
不一樣的參觀體驗

我們眼看着故宮的那張地圖上未開放區域越來越小，一扇扇緊閉的大門次第打開，一個個幽靜的院落躍入眼簾。2014 年，故宮的開放區域增加到 52%，到 2018 年，這個數字已經接近 80%。

　　我們在淡季把展覽辦得同樣好。1 月至 3 月是故宮博物院的淡季，以往這一季節每天只接待兩三萬名觀眾。2019 年 1 月至 3 月我們舉辦了「賀歲迎祥—紫禁城裏過大年」展覽，每天觀眾都在 8 萬限流上限。

　　很多人從前來過故宮博物院，以為不會再有什麼變化，就不再來參觀，如今看到這裏開放區域不斷擴大，舉辦豐富多彩的展覽，就再次走進了故宮博物院。

為了更好地服務觀眾

　　大家到故宮參觀，總會有一個感覺，那就是：人多。觀眾大量湧入，對故宮博物院的接待能力和接待質量來說是嚴峻的考驗。近年來，故宮博物院是全世界觀眾數量增長最快的博物館。2002 年觀眾數量第一次突破 700 萬人。但是 2012 年，就是我到故宮博物院工作的那一年，故宮博物院參觀人數突破了 1500 萬，10 年間這個數字增長了一倍。故宮博物院成為世界上唯一一座每年接待觀眾超過 1000 萬人的博物館。

　　與之相對應，故宮博物院的觀眾數量還有一個非常大的特點，那就是淡旺季差距十分明顯。淡季（11 月 1 日至次年 3 月 31 日，春節小長假除外）每天觀眾一般在 2 萬人左右，而到旺季（4 月 1 日至 10 月 31 日），特別是「五一」「十一」和暑假期間，每天的觀眾經常會超過 8 萬人，有時會達到 10 餘萬人。故宮博物院有史以來接待觀眾最多的一天就是在 2012 年 10 月 2 日，單日接待觀眾達到 18.2 萬人。

　　快速增長的觀眾數量，使 600 歲「高齡」的紫禁城古建築群和故宮博物院文物藏品承受着巨大的安全壓力，同時觀眾應該獲得的良好參觀感受也大打折扣，而且發生踩踏等安全事件的隱患與日俱增，也給故宮博物院的觀眾服務接待帶來了前所未有的挑戰，保護任務極其繁重。

　　為此，我們採取了不少應對的措施。比如「閉」與「開」——設立閉館日、增加開放空間；再比如「分」與「限」——採取分時段網絡預約、每日限流 8 萬人。應該說，這些措施在一些程度上還是起到了效果。當然，鑒於近年來故宮博物院的影響力越來越大，全社會對故宮的關注程

度越來越高，我們的參觀人數在這幾年經歷了短暫的微降後，又出現了「穩中有升」。2017 年故宮博物院觀眾達到 1670 萬，居世界第一，同一年法國盧浮宮藝術博物館接待觀眾 830 萬，居世界第二，接近故宮博物院觀眾數量的一半。

很多人從前來過故宮博物院，以為不會再有什麼變化，就不再來參觀，如今看到這裏開放區域不斷擴大，舉辦豐富多彩的展覽，就再次走進了故宮博物院。

在這裏我想說的是，在博物館從「以物為本」發展到「以人為本」的今天，觀眾的參觀體驗已經越來越成為衡量一家博物館是否成功的關鍵因素。以服務對象為中心，我們在近些年做了相當多的工作，毫不誇張地講，為了更好地服務觀眾，我們進行了一場「管理改革」。

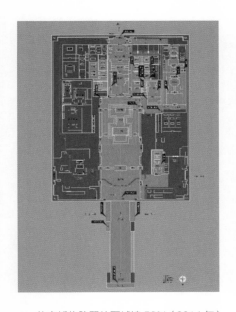
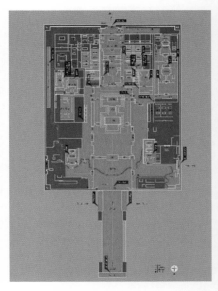

❊ 故宮博物院開放區域達 52%（2014 年）　　❊ 故宮博物院開放區域達 76%（2016 年）

「閉」與「開」
——設立閉館日、增加開放空間

　　大家可能知道，國內外的每一座博物館都有一定的休息日，或一周一天，或一月兩天，這有利於日常維護和職工休整，而故宮博物院長期以來被稱為「365 天全天候開放」的博物館。從前，故宮博物院實行的還都是全年 365 天開放，只有每年除夕的下午和大年初一的上午閉館。也正因為此，展廳或展櫃因照顧觀眾參觀而不能及時排險整修，服務設施得不到及時維護，服務人員缺乏培訓時間，積累了很多問題，亟須解決。我們的全體員工是「連軸轉」，可見故宮博物院的同仁們為服務觀眾、奉獻社會付出了很多心血和辛勞。

　　故宮博物院於 2013 年 1 月 1 日起開始試行每周一下午（不含國家法定節假日）閉館半天。每周一上午 8 點半開館，中午 12 點閉館，11 點停止售票。這對故宮博物院各項工作的有序開展起到了一定的促進作用。我們在做出決定之初，也擔心社會公眾不理解。於是我們召開媒體見面會，説明此舉的目的，並邀請媒體深入現場了解故宮實施閉館以後的工作狀態，獲得了很多媒體的支持。每周一下午閉館試行了一年後，故宮博物院於 2014 年 1 月 1 日起，除法定節假日和暑期外，正式實行周一全天閉館。這一措施得到了社會各界的理解和讚賞。

　　閉館之舉為全面推進「平安故宮」工程，保持古建築和院藏文物安全健康的狀態，爭取了更多的空間和時間。短暫的「休養生息」，其實質是為了故宮文物的「益壽延年」。

閉館一天，使開放區的古建築、文物展品得以「喘息」。俗話說「歇人不歇馬」，是指抓緊完成一項工作時的狀態，但是對於故宮博物院來說應該是「歇馬不歇人」，因為我們所面對的「馬」，是珍貴的文物建築和文物展品，更應該使它們得到應有的歇息。閉館一天，為的是使文物專家能夠在不受干擾的情況下對保護對象進行保養呵護；為的是使開放部門、保衛部門員工及時對開放區域的設施設備進行檢修整理；為的是使觀眾獲得更加安全、更加舒適、更加優質的參觀環境。因此故宮博物院的各部門十分珍惜閉館日，組織開展包括員工培訓、開放環境清潔、展廳室內維護、文物展品科技保護、開放區內「彩鋼房」拆除等工作，也使一線管理人員及員工得以開展系統的培訓，使廣大員工常年緊繃的身心得以短暫休整。故宮同仁多年的期盼也終於變成現實。

我記得在第一個全天閉館日，我們舉行了「平安故宮」工程安全培訓。閉館一天，時間彌足珍貴，不能虛度。這一天要幹什麼事，能幹什麼事，我們要認真地思考、周密地計劃、穩妥地組織實施。為什麼要在第一個閉館日，組織「平安故宮」工程安全培訓？因為安全是故宮的命脈。保證觀眾的安全、古建築的安全、文物藏品的安全始終是我們的頭等大事，任務極其繁重，也極其艱巨。思路決定出路，如何在安全上築牆阻弊，需要大家的智慧，需要形成共識，更需要大家有統一的、自覺的行動。大家也可以看到，我們是真正做到了「歇馬不歇人」。

有「閉」的嘗試，同時我們也有「開」的措施，那就是，相比起以前，我們新開放了相當多的區域。

2002 年前紫禁城的開放面積大約只佔 30%，到 2012 年時，這個數字增長到了 48%。有些地方之所以不開放，因為有些是庫房，有些是故宮博物院辦公場所，還有些則長期被外單位所佔據。而我們深深意識到，應當將更多的區域向觀眾開放。一來，這是讓人們認識故宮、了解故宮的有效措施。特別是將這些建築闢為文物專題展館，讓更多的參觀

者了解了故宮的文物家底，對故宮的「博物館」屬性更為熟知。二來，這也是「分流」的有效方式。以往，故宮的觀眾多是集中在中軸線上，很少關注兩邊的建築和展覽。我們統計過，過去 80% 的觀眾來故宮都是「到此一遊」，沒有看到故宮博物院的展覽就出去了。這使得中路觀眾擁堵，對古建築、文物的安全和遊客的安全都是非常不利的。開放更多的區域，也是合理地疏導人群、將不同需求的觀眾引導到不同區域的方法。當然，這中間還要通過我們積極有力地宣傳才能更為有效。

最近這幾年，為擴大開放區域，故宮博物院做了相當多的努力。我們將部分外單位清出故宮，將我們自己原有的一些辦公室搬離出古建築，並將部分地面庫房內的文物進行了轉移。從鄭欣淼院長當年到任之初，我們就啟動了故宮古建築整體維修保護工程，這都是實現區域擴大開放的前提。終於，在大家的共同奮鬥下，故宮的開放面積在這幾年有了明顯的提升。

❖ 故宮博物院正式實行周一全天閉館消防演練（2014 年 1 月 6 日）

　　從 2014 年開始，故宮博物院推開了一座座常年封閉的大門，越來越多的區域面向觀眾開放。包括慈寧宮、壽康宮、午門雁翅樓、故宮城牆、南大庫、延禧宮等。

　　隆宗門被打開，意味着故宮的西部區域第一次開放。這一區域由於沒有開放過而顯得很神祕。昔日住在這裏的是皇帝的母親們，她們在這裏建了一些佛堂和花園。其中最大的宮殿是慈寧宮，是明代嘉靖皇帝給母親建的皇太后寢宮，規模非常大，如今在這裏安排了 5 個雕塑展廳，成立了故宮博物院雕塑館。

　　慈寧宮西側的壽康宮同期開放，開放的第一天就迎來了很多年輕人，他們說這是「甄嬛」住的地方。實際上在壽康宮裏居住時間最長的是乾隆皇帝的母親崇慶皇太后，在這裏居住了 42 年，故宮博物院宮廷歷史專家經過詳細研究，將崇慶皇太后居住時使用的家具、用具、陳設都恢復了原狀。乾隆皇帝是一位孝子，如果在宮裏的話，每天早晨都會給

❈　周一全天閉館日文物保護清理（2014 年 1 月 20 日）

❖ 壽康宮原狀陳列（2015 年 9 月 11 日）

❖ 故宮博物院正式實行周一全天閉館太和殿文物保護（2014 年 1 月 6 日）

母親請安，來的就是壽康宮的東暖閣。乾隆皇帝當年看到的室內情景，應該説與今天觀眾們看到的室內情景是一模一樣的。

午門雁翅樓曾經是文物倉庫。後來，文物從裏面搬了出來，雁翅樓得以維修。它的外觀維持原狀，但裏面成為世界上最大規模的博物館臨時展廳，可以承接世界上任何珍貴文物藏品展覽。從雁翅樓開放至今，已舉辦過很多大型展覽。

我們還開放了故宮城牆。觀眾走在城牆上會獲得不同的感受，可以觀賞沿途紫禁城內的景觀、紫禁城外面的風光。沿着城牆走還會有驚喜，可以走進過去只能遠遠眺望、遠遠拍照的角樓。在角樓裏面製作播放一段 25 分鐘的虛擬現實影片，告訴觀眾如何把上萬塊木頭通過榫卯結構，組合成三重簷七十二條脊的美麗角樓建築。

我們開放了位於武英殿南側的南大庫。故宮博物院現存明清家具6200 餘件，數量為世界之冠，年代自明永樂以迄清宣統，其中以清代宮廷曾經使用者為主，而在清代家具之中，又以乾隆朝所留存下來的家具數量最多。此前這些珍貴的家具文物一直藏在深宮大庫之中，不為外人所熟知。事實上，大部分家具長期被堆放在 90 餘間庫房中，很久以前被抬進庫房以後，就再也沒有出來過，不能通風、不能修復、不能研究、不能展示，有的庫房裏的家具最高疊放了 11 層，沒有良好的保管條件。每當看到這樣的場景，我就在想為什麼要讓這些文物常年委屈地放在庫房裏呢？實際上，只有被展示出來，才會進行精心的維修保養；只有被觀眾欣賞，這些文物才能獲得應有的尊嚴。於是，將南大庫規劃確定為宮廷家具專門展示場地。經過三年籌備，如今南大庫已經成為現代化的專業文物展廳，一是組合式的家具展覽，展示與宮廷禮制、帝王生活相關的宮廷家具，供觀眾近距離欣賞；二是情景式的家具展示，按照書房、琴房、庭院等主題進行場景設計，形成不同的文化空間；三是倉儲式的家具展示。

❊ 故宮家具館內景

❖ 故宮家具館內景

❖ 故宮家具館內景

　　「倉儲式」展示是緩解庫存壓力，擴大展覽面積，增加文物展示數量，給庫存文物更多亮相機會的有效手段。通過南大庫的「倉儲式」展示，既使古建築得到更好地維修保護和合理利用，又使家具文物得到整理、保護和展示，更使觀眾能夠欣賞到宮廷家具用料之考究、設計之精美、內涵之豐富，讓「故宮行」再增加一個不得不去的「新看點」。

　　故宮博物院的開放區域還在繼續擴大，例如近年來進入人們視野的延禧宮區域。延禧宮在歷史上屢遭雷火燒毀，最後一次是在道光年間。於是，末代皇帝溥儀決定在此建造一座觀魚的西洋建築「水晶宮」以避火災，建築主體使用金屬結構，牆體和地板大量使用玻璃材料建造，建築四周鑿水池蓄水。

　　但是開工不久，溥儀就被迫退位，建造工程就此停止，成為北京地區最早的「爛尾樓」，也留下了一處故宮裏面難得一見的中西合璧文化景觀。利用這一景觀環境，故宮博物院決定建設一座外國文物館。故宮博物院收藏着很多來自世界各國的珍貴文物。外國文物館建成以後，觀眾們可以一飽眼福。

　　相信大家也都能看到，這些年，故宮裏的「遊人止步」區域越來越少了。我們眼看着故宮的那張地圖上未開放區域越來越小，一扇扇緊閉的大門次第打開，一個個幽靜的院落躍入眼簾。2014 年，故宮的開放區域增加到 52%，2015 年為 65%，2016 年擴大至 76%，到 2018 年，這個數字已經接近 80%，到 2025 年故宮博物院百年院慶時，我們希望這個數字超過 85%。

「分」與「限」
——旺季不擠、淡季不淡

今天，世界上恐怕沒有哪座博物館，或哪處世界文化遺產地，會像故宮一樣面臨如此眾多具有挑戰性的管理課題，同樣也沒有一座博物館每年會迎來上千萬的參觀者。近年來，故宮博物院是全世界觀眾數量增長最快的博物館。2013 年因周一閉館半天等因素人數略有下降，但也有1456 萬之多，而到了 2014 年，觀眾人數則又有回升趨勢。對故宮博物院而言，在接待觀眾方面的最大困難，一是參觀人數不斷攀升，二是淡季與旺季差距非常明顯。在每年的觀眾流量曲線圖上都會呈現出高度一致的「雙針一峰」圖形，即「五一」「十一」兩根針，暑期一座峰。

可以説，逢長假，故宮裏「堵」是常態，御花園不得不改為單行，有時候穿過一道宮門需要一點點蹭着走 5 分鐘，真真有了「一入宮門邁不開腿兒」的感覺。故宮博物院觀眾無限制地增加，作為世界文化遺產，文物和古建築群都難以承受，觀眾參觀的舒適度也大打折扣，觀眾走失現象時有發生，更為嚴重的是存在極大的踩踏事故風險。

2015 年 1 月，我們在歷經數次限流失敗後，再次提出要限流，計劃將每日接待觀眾數量上限定為 8 萬人次。當時我們專門召開了一次發佈會徵求意見，我在發佈會上説過，限流不僅是為了緩解壓力。如果觀眾超過 8 萬，甚至 9 萬、10 萬，人擠人，排着隊往前走，後面人看前面人的後腦勺，這對觀眾的文化權益也是傷害。

有媒體曾經問我，為何不採取提高票價分流的措施。說真的，提高票價我們沒有考慮，因為全世界只有一個故宮，這麼大的文化體量，這麼多的文化資源，就現在的票價而言，淡季每人 40 元，旺季 60 元，如果漲到 100 元可能跟限流沒有多大關係，人們也不認為很貴。但是提高票價阻擋的是低收入人群進入故宮，這是我們不願意看到的。有一次，我在甘肅博物館做調研，看到一群大學生在很認真地抄寫講解詞。聊天中，我得知這些同學是學旅遊專業的三年級學生，為了節省一張 35 元的門票，趁着有活動才第一次走進博物館。我想，像這些大學生一樣的參觀者一定還有很多，我們不能因為提高票價而把他們擋在故宮博物院之外。

因此，控制單日參觀人數總量成為我們最後決定的選擇方式。

2015 年 6 月 13 日，即第十個中國「文化遺產日」，故宮博物院開始試行每日限流 8 萬人次，以剛性措施保證故宮博物院安全，即觀眾安全、古建築安全、文物藏品安全，為全面實現觀眾流量的科學管理和理性調控打下堅實基礎。與此同時，故宮博物院全面推行實名制售票，實行旅行社團隊全部通過網絡預定門票，取消旅行社團體現場售票，並提倡觀眾通過網絡預定門票，逐步提高網絡預售比例。

故宮博物院的 8 萬限流措施，目的並不是要限制觀眾參觀，而是盡全力維護觀眾參觀的安全性、有序性、舒適性，通過限流使觀眾有序參觀，並享受到更加優質的博物館服務，這也是故宮博物院精細化管理的目的和意義所在。實現限流 8 萬和全網售票，既是精細化管理的初步體現，也為今後進一步推進精細化管理奠定了基礎。

故宮博物院 2015 年全年實現限流 32 次，2016 年全年實現限流 48 次，2017 年暑期及小長假期間均實行了 8 萬人次限流措施。雖然旺季和節假日因限流減少了部分觀眾入院，但全年入院觀眾人數仍然逐年遞增，2016 年首次突破了 1600 萬人，2017 年 1670 萬人，2018 年 1754

萬人，2019 年達到 1933 萬人。不過，全年內單日接待觀眾數量得到了基本的掌控，起到了十分有效的「削峰填谷」作用。通過限流，參觀秩序有了明顯改善，觀眾參觀體驗環境得到顯著提升，「旺季不擠、淡季不淡」，觀眾、古建築和文物藏品的安全也得到了進一步保障，達到了預期的效果。

在限流的同時，我們努力推進「分流」。這裏的分流，指的是如何將觀眾分流到一天或一年的不同時段。具體而言，也就是盡量將旺季某一天、某一時期大流量的參觀者引導到淡季去，將某一天內某時段集中的參觀者引導到不同時段。

我們在淡季把展覽辦得同樣好，並實施了一系列免費日，例如教師免費日、醫務人員免費日、環衛工人免費日、公交司乘人員免費日等，讓不同的觀眾們體驗。人們逐漸了解到淡季參觀故宮博物院也很好，越來越多的觀眾自願選擇淡季前來參觀。

1 月至 3 月是故宮博物院的淡季，以往這一季節每天只接待兩三萬名觀眾。2019 年 1 月至 3 月我們舉辦了「賀歲迎祥 —— 紫禁城裏過大年」展覽，每天觀眾都在 8 萬限流上限。特別令人興奮的是，其中 50%的觀眾是年輕人。一座古老的紫禁城，一座開放近百年的故宮博物院，如今成為年輕人喜歡訪問的地方，我感到非常欣慰。很多年輕人清晨就相約走進故宮博物院，流連忘返地參觀豐富多彩的展覽，參與引人入勝的活動，閉館時才離開，我覺得這才是一座博物館應有的文化氣象。

數字化、網絡化技術的發展為分流和限流提供了支持。2011 年 9 月25 日，故宮博物院開始嘗試網絡預售門票，當日門票預訂僅有 287 票。2011—2014 年，全年網絡售票都在 2% 左右。2015 年 6 月試行限流 8萬人次和實名制售票，2015 年全年網絡售票為 17.33%。2016 年全年網絡售票增長至 41.14%。2017 年 7 月起，故宮博物院全面推進網絡售票，開放網售當日票和現場手機掃碼購票。2017 年十一長假期間，故宮博物

院首次實現全網絡售票。其後,故宮博物院正式邁入「博物館全網售票」時代。為了有效實施全網售票方案,故宮博物院在提前準備階段就升級改造了配套系統設施,研發多元購票方式,並提前數月對現場觀眾進行購票引導,逐步實現將線下購票轉化為線上購票。同時故宮博物院也制定了現場票務解決方案,觀眾可以在現場手機掃碼購票,也可以通過現場票務服務諮詢台、綜合服務窗口獲得票務方面的幫助。

故宮現在實行全員網絡預約,告別了現場買票的傳統方式。每天 8 萬個名額,某一天的名額滿了,那麼就只能選擇其他日期,這就等於是定下了「波峰」,將那些沒有預約到的參觀者分散到淡季或觀眾相對較少的日期。與此同時,我們的預約界面可以選擇當日上午和下午,這無疑也分散開了某日較為集中的人流。而在實行網絡售票和每天限流 8 萬人的措施之後,以往節假日人山人海、排着長龍的狀況不復存在了。

未來,故宮博物院還將繼續改進我們的預約系統。實施更加精細化的觀眾分流方案,例如實行分時段售票,屆時觀眾可以選擇當天的某個具體時段進入故宮博物院,這既是對故宮參觀遊客的分流方案,更是給觀眾營造更加美好的文化空間和參觀體驗的全新措施。

❖ 故宮博物院實現全網絡售票
(2017 年 10 月 8 日)

❖ 故宮二維碼識別檢票系統
(2014 年 9 月 1 日)

大數據下的「廁所革命」

隨着科技的進步，我們對於觀眾服務的管理也逐漸向精細化發展。這其中最明顯的例子就是「廁所革命」。

長期以來，不少觀眾抱怨在故宮博物院「如廁難」，尤其是一到黃金周、小長假，衛生間門口就更是排起長龍。這個問題不僅普通觀眾不斷反映，一些知名人士、專家學者也跟我提到過。

在這裏和大家分享一個故事。2018 年 12 月 15 日，我本人有幸在「影響中國」2018 年度人物榮譽盛典中獲得了「年度文化人物」，當時是黃永玉先生為我頒獎。在頒獎台上，黃永玉先生就問了我一個很特別的問題。據黃先生回憶，20 世紀 50 年代時，他曾是故宮的常客，還記得那時故宮的衛生間被稱為「流沙河」。轉眼六十年過去，黃永玉先生近年來常常在雜誌和報紙裏，或是從朋友那裏聽到故宮博物院的新變化，將其形容為「不得了的大話題」。現在他年齡大了，沒辦法親自去故宮參觀，唯一問我的問題就是：「故宮的洗手間怎麼樣了？」

這個問題還真沒能難倒我們「故宮人」。這幾年，我們發現衛生間的問題的確很嚴重，耽誤觀眾寶貴的參觀時間，也影響參觀情緒。特別是很多女士經常要排很長的隊。有段時期，洗手間的門前還專門寫着「女士請排隊」。可據我觀察，男士其實也很慘，他們在旁邊拎着包兒，抱着孩子，一點兒也不比女士輕鬆。

於是，故宮博物院的工作團隊進行了研究，得出了一個結論：女士的衛生間數量應該是男士衛生間數量的 2.6 倍。為此，我們對全院衛生間進行了增建和調整。端門廣場區域內公共衛生間嚴重不足，我們就在

那裏擴建了衛生間，甚至將一個職工食堂也改造成了衛生間，滿足觀眾需要。一到旺季西邊衛生間為女士專用，東邊衛生間一半男士，一半女士，兩邊衛生間相隔 50 米。目前，全院共有女性衛生間 35 個。經過試驗，非常成功，即使是旺季觀眾也不用在衛生間門口排長隊了。應該說，有了精細化的管理理念，一些「老大難」的問題也會迎刃而解。故宮博物院裏的「廁所革命」也還在持續地進行。相信還有很多觀眾和黃永玉老先生一樣關心着故宮博物院的變化，歡迎大家到故宮博物院「參觀」我們的衛生間。

在這個基礎上，我們又在去年開始設立母嬰室。經常看到母親抱着孩子躲在角落裏，給孩子換尿不濕、喂奶，十分尷尬。既然機場有母嬰室，車站有母嬰室，博物館為什麼沒有母嬰室？我們就在乾清門廣場西側最好的位置設立了母嬰室，讓帶着孩子來故宮博物院參觀的媽媽們也能擁有良好的參觀體驗，也擁有尊嚴。由此，我們也獲得深刻的體會，一切服務工作都不能僅僅立足於管理者方便，而必須優先考慮觀眾方便，以此為目標，辦法就一定會比困難多。

❖　設立母嬰室（2016 年 7 月 16 日）

　　再有，來故宮博物院參觀的觀眾 90% 是從外地來的，進入故宮博物院後經常找不到方向，指路的標識少且不明顯，標識牌不夠規範、指示內容也不夠全面。於是，我們對全院的標識牌進行全面的整治、提升，並統一設計為與古建築環境相協調的樣式。在三岔路口、十字路口、有洗手間的地方、有展覽的地方，第一年就設置了 512 塊標識牌，隨着開放區的擴大，標識牌不斷增加，這樣觀眾走到任何一個地方都知道自己身在何處，想去什麼地方應該往哪裏走。隨着數字技術的進步，我們又開始增設電子標識牌，能夠把每天最新的信息告知觀眾。

　　同時，人們還需要在行走的過程中聽講解，於是我們又提升了自動講解器功能，目前故宮博物院的自動講解器，可能是全球語言最豐富的博物館自動講解器，一共有 40 種語言，包括各國的語言，一些民族的語言，地方的方言，例如粵語、閩南話等，還有專家版、少兒版、對話版，人們各取所需。

　　此外，今天人們接收信息的方式和手段還在不斷進步，於是故宮博物院開始加大免費 WiFi 互聯網服務覆蓋，使觀眾可以用自己的手機自主獲取更多需要的信息。總之，為觀眾服務的努力將永無止境，例如今天已經進入 5G 時代，如何利用新的技術更好地為觀眾服務，需要繼續探索。

　　2019 年 3 月，故宮博物院與華為公司簽署了戰略合作協議，共同建設「5G 故宮」。主要目標有兩個：一是全時空、全天候監測不可移動文物、可移動文物的保護狀況。二是為觀眾提供更好的服務。希望再過一段時間，觀眾走進故宮博物院，打開手機就能夠知道今天有多少項展覽，每個展覽什麼內容，需要參觀的展覽在什麼位置，展廳裏面現在有多少人在觀賞。如果想上洗手間，打開手機就可以知道最近的洗手間在什麼地方，有幾個坑位空着。要想喝茶，打開手機就可以知道有幾個茶室正在開放，都沏的是什麼茶，有什麼新書可以看。要想買故宮文化創

意產品，打開手機就可以知道要買的產品在哪個地方正在售賣，存量有多少。總之，故宮博物院一直在努力為觀眾提供更精準的服務。

如今，觀眾在進入故宮博物院之前，可以在觀眾服務中心諮詢一些參觀事項，領取免費的故宮博物院地圖，觀賞一下介紹故宮博物院的影視片，然後在觸摸屏上「做做功課」，設計一下自己的參觀路線，例如參觀展覽的路線、參觀古建築的路線。觀眾服務中心還為有特殊需要的觀眾免費提供老年人、殘障人士、嬰兒輪椅。

應該說，我們所做的一切，都是為了讓觀眾能夠獲得更好的參觀體驗，讓觀眾能夠盡情享受故宮的建築、故宮的展覽、故宮的文化創意、故宮的方方面面⋯⋯

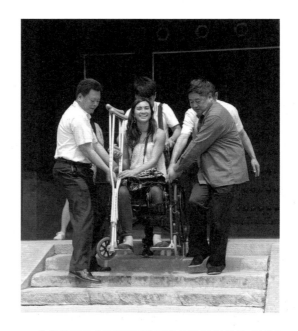

※　為有特殊需求的觀眾提供服務（2015 年 5 月 17 日）

故宮城牆

外賓的車也進不來

　　實行網絡預約制之前，在很多人的印象中，進入故宮博物院是一個非常困難的過程。尤其是在旅遊旺季，買票需要排隊半小時、一個小時甚至更長時間，好不容易排到窗口買完票但是還進不去，還有很多麻煩的手續，如驗票、安檢、存包，一番折騰下來，當拖着疲憊的身體走進故宮博物院的時候，精力已是消耗大半。我也進行過嘗試，可以說的確是感同身受。認識到這一狀況必須改變。

　　因此，在那個時候，我們就對售票工作進行了一番整頓。故宮的門票 20 年未漲價，淡季 40 元，旺季 60 元，老人半價，學生 20 元，人民幣沒有 40 元、60 元的面額，需要找錢，影響售票速度。當時還沒有條件實行全網售票，於是只有增加人工售票的窗口。增加的售票窗口就位於端門廣場。不少人都記得，端門廣場曾經被小商小販佔據，故宮博物院在接收了端門廣場後，進行了徹底清理，並將端門廣場西側的建築作為售票窗口，使售票窗口由過去的 16 個，增加到 30 個，最多的時候能達到 32 個。於是我們終於可以向社會承諾：95% 的觀眾來到故宮博物院，3 分鐘之內就可以買到票，觀眾最集中的時刻也不會超過 15 分鐘。

　　我反覆到現場觀察，這一承諾的確是做到了。觀眾買票的時間省下來了，就有更多的時間和精力參觀故宮博物院的展覽，這不僅是對觀眾參觀體驗的提升，同時也是對辛勤籌備展覽的同仁們的激勵與肯定，對於觀眾和故宮博物院都大有裨益。

買票難的問題解決了，接下來就是休息難的問題。以前端門廣場沒有休息場所，大家累了只能席地而坐，偌大的廣場上滿眼都是坐在地上的觀眾。這不僅影響環境，對穿梭前行的觀眾也會造成障礙，更重要的是，對坐在地上的人們來說，並不能得到很好的休息。經過觀察，我們發現當時觀眾最喜歡坐的位置居然是樹坑。為了讓大家能夠有尊嚴地休息，我們便做了 200 把椅子，每張椅子上可以坐 3 個人，這樣 600 人就可以坐下來。這樣一來，樹坑就沒人坐了。我們又趕緊把樹坑填上，為道路兩側的 56 棵樹做了 56 組樹凳，又有 600 人可以坐在樹凳上，這樣觀眾能坐的地方就更多了。

觀眾走進故宮博物院，同樣存在休息難的問題。例如，過去御花園到處都是鐵欄杆，只有一條條石子甬道。觀眾累了，就坐在鐵欄杆上、蹲在地上。現在大量的鐵欄杆被清理拆除，有效擴大了觀賞空間，還增加了幾十處觀眾座椅。為了解決故宮博物院裏面休息座椅少的問題，專門組織研發了適合故宮博物院大流量觀眾、與故宮紅牆黃瓦的歷史環境協調的座椅和樹凳。其中第一年就做了 1400 把觀眾座椅。隨着開放區域擴大，觀眾座椅不斷增加，人們坐在上面既有尊嚴，又很舒服。目前，已經有 11000 名觀眾可以同時在不同地點坐下來休息。休息好了，大家自然有體力也有心情更好地享受故宮文化。

端門整頓好以後，我們就開始整頓午門廣場。故宮博物院的入口是午門。午門正面明明有三個門洞，但是過去買票的觀眾只能通過兩邊的小門排隊安檢，驗票，中間的大門卻不能走，留作貴賓車隊通行，以此為禮遇。這樣就造成兩邊的小門前經常排着長長的隊伍，人們眼睜睜地看着中間的大門而不能走，對此觀眾們意見很大。當時我想，英國的白金漢宮、法國的凡爾賽宮、日本皇宮也都對外開放參觀，但是貴賓車隊並不能直接駛入，這是觀眾權益問題，也是文化尊嚴問題。於是，故宮博物院就發佈公告，機動車一律不得駛入午門。

　　2013 年 4 月 26 日，時任法國總統奧朗德一行參觀故宮。他是第一位在午門前下車的外國國家元首，我迎上去給他講述了午門的故事，看到他仰望着雄偉的午門古建築群，滿足於還沒有走進故宮就感受到紫禁城的壯美，隨後他帶着女友步行穿過長長的門洞走進故宮博物院，這種體驗將使他終身難忘。

　　我始終認為，參觀故宮最重要的是獲得難得的文化體驗。貴賓在午門前下車，首先看到的是巍峨的午門城樓，而從午門門洞步入紫禁城，那種悠長、神祕的感覺，那種期盼看到前方景象的感覺，相信是每一個人都會有的心情。當他們走出午門門洞，看到前方豁然開朗的太和門廣場，這種感覺絕對是他們所期待的。而過去來故宮博物院的外國國家元首、政府首腦坐車駛入，就失去了應該獲得的參觀感受。我們經過與有關部門協調，取消了貴賓車隊開車進入午門的慣例。如今，午門正面的三個門洞都對觀眾敞開了，大大提高了通行能力，人們進入故宮博物院不再需要排隊。

　　還有驗票和安檢環節的改善。過去，驗票環節是驗票員站在鐵欄杆裏面，觀眾從鐵欄杆中間進入，安檢環節是安檢機設置在午門門洞裏面，把門洞堵了一半。這就導致驗票需要排隊，安檢也需要排隊，一到旺季午門內外人們擠作一團，混亂不堪。為了改變這一狀況，拆除了驗票欄杆，從門洞內移走了安檢機，在午門廣場上東西兩側設置驗票和安檢設施，但是入口增加了 12 倍，這樣無論來多少觀眾，午門前都再也沒有出現擁堵現象。

　　總之，經過優化售票、驗票、安檢，以及調整外賓接待方式，故宮博物院門前廣場的環境就得到了明顯改變。過去，故宮午門廣場不大的空間裏面，人們擠在一起買票、驗票、安檢、存包，那時大喇叭經常廣播：某某觀眾，您家的孩子找到了，請到某某地方去領。對於一位觀眾來說，還沒有進入故宮博物院，孩子先丟了，心情能好嗎？而今天，每

❀ 故宮內的觀眾座椅

❀ 接待法國總統奧朗德參觀（2013 年 4 月 26 日）

一位觀眾都能僅用 8 分鐘、10 分鐘時間，就可以帶着好心情、好體力進入故宮博物院。

隨着故宮博物院開放區域面積的逐漸擴大，觀眾參觀的時間不斷延長，需要為觀眾提供更多更好的休息服務場所。過去，觀眾在故宮博物院參觀的過程中，總是在室外用餐，既不雅觀也不衛生。例如故宮西部區域開放之前，隆宗門門洞曾經是快餐店，人們坐在門洞裏用餐並不衛生，而且冬天很冷，夏天很熱。故宮西部區域開放時，我們取消了隆宗門門洞內的快餐店。但每天大約有三分之一的觀眾前來參觀慈寧宮、壽康宮、慈寧宮花園等西部區域，需要在附近重新選擇一處就餐場所。

在既不能再蓋臨時建築也不能不合理利用文物建築的前提下，我們經過研究，最終選擇了故宮冰窖建築群。隆宗門外西側一排不高的紅牆後面有 4 座古建築，不是木結構建築，而是在紫禁城內為數不多的磚石結構建築。這裏是昔日的皇家冰窖，每逢冬天，人們將筒子河裏的冰切成一尺五乘一尺五的方冰，抬到冰窖裏存儲，每一座冰窖可以存儲 5000 塊冰，四座冰窖就可以存儲 2 萬塊冰。冰窖的牆壁有 2 米厚，存儲冰以後把冰窖封起來，夏天再取出來供皇家使用，冰鎮食品、調節室溫。但是這一百年來，冰窖沒有再存儲冰，而是作為一般的倉庫使用。

我們在實地調查時，看到的是冰窖裏面存放着木板、汽油桶、水泥等建築材料，並沒有得到科學保護和合理利用。於是，我們便對冰窖建築群進行維修保護，建成了「冰窖觀眾服務中心」，設有書吧、茶吧、咖啡吧、快餐廳，為觀眾提供優質服務。冰窖觀眾服務中心距離太和殿不足 500 米，可以同時接待 300 位觀眾就餐、休息。因採用快餐方式，平均半個小時就可以接待一批觀眾，一個中午就能接待上千人。人們在這裏有尊嚴地就餐、休息時，還可以領略這組神奇古代建築的魅力。

按照同樣的思路，景運門內的故宮商店彩鋼房也被拆除，御花園內的食品商鋪也被撤離，在消除火災隱患、增加觀眾活動空間的同時，還原

了古建築的歷史原貌。特別是在東長房區域建立了與故宮文化環境相協調的一組文化創意館，成為觀眾離開故宮博物院之前的「最後一個展廳」，實現把「博物館文化帶回家」的願望。我們還在神武門外東西兩側設立故宮文化服務區，把故宮的食文化、書文化、茶文化等特色融入其中，來這裏不用買故宮門票，這裏不受閉館限制，將更方便觀眾親近故宮文化。

　　故宮博物院是公共文化設施，要保持整潔乾淨。說實話，對於規模宏大的故宮，實現全面「禁草」和全面「禁垃圾」的要求的確有難度，但是當故宮內每個角落都乾淨整潔之後，觀眾就會自覺維護，不再隨意丟棄垃圾等廢棄物，環境質量大大提升。正是在這種看似嚴苛甚至不可能實現的標準要求下，故宮博物院才在較短的時間內解決了上述難題。實踐證明，環境是可以影響人的。

❀　冰窖餐廳內景

❀　冰窖餐廳菜餚

❖ 雨後故宮神武門

「十億萬級」參觀量的博物館

陸

我看到有的網友總結我們的故宮微博是：有事啟奏，無事曬顏。如果有「正事兒」，比如說有展覽要宣傳呀、有活動要舉辦呀，故宮微博就「有事啟奏」，尋常日子裏則忙於「花式曬顏」。故宮博物院微博的美圖系列，裏面強烈的故宮元素加上詩意的表達，能讓大家感受到故宮是一座活的城。

　　大家希望看到什麼，我們就來展示什麼……2016 年「紫禁城初雪」一組照片放上去點擊率 1425 萬。2017 年沒有等到下雪，我們迎來了紅月亮，當時我正在蘇州出差，打電話建議拍一組「紅月亮」的照片放上去，結果第二天一看，2000 萬的閱讀量。

　　經過 6 年的努力，我們出品的 APP 達到 10 種，每一種都獲獎了，媒體給予我們一個公正的評價，叫「故宮出品，必屬精品」。

微博、微信上永遠的熱點

伴隨故宮博物院影響力的擴大，來訪觀眾數量迅速增加，2019 年達到史上最高，首次超過 1900 萬人。但是我們知道每年到訪故宮博物院的觀眾不過是世界人口中很少的一部分。所以需要通過更多的方式使人們了解故宮文化。

2011 年以來，微博、微信等社交媒體平台呈現爆發式增長的趨勢。隨着互聯網技術的突飛猛進和新媒體的發展，故宮博物院開設了故宮官方微博、微信。2011 年，故宮博物院微博開通之初，就吸引了上百萬的粉絲。2014 年，故宮博物院又開設了微信公眾號「微故宮」。「微故宮」使用故宮特色的微語言，組織微話題，推出微展覽，為觀眾參觀欣賞古代建築，文物藏品，特色展覽等提供全面、立體、便捷的服務。既方便了觀眾參觀，又傳播了故宮文化和文物保護理念，受到了社會公眾的肯定。有人跟我說過：「你們故宮的官方微博，發一條就是熱點！」「微故宮」確實也已成了不少粉絲了解故宮的平台。

我們發現，新媒體成為故宮博物院與海量觀眾溝通的良好渠道，使得雙方關係由過去的單向輸出變成了雙向溝通。每發佈一條信息，都有大量的觀眾關注、評論、轉發。我們得以從中直接傾聽觀眾的反饋，了解觀眾的願望，並通過調研、觀眾投票的方式來運營新媒體，研發故宮系列 APP 和文化創意產品，不斷改進服務。

故宮博物院的微博開設了「春夏秋冬」各具特色的話題，「愛上這座城」的話題，讓小貓「壯壯」為文明參觀代言，「宮貓記」系列漫畫深受觀

眾喜愛。故宮博物院的「貓保安」，每一隻都有名字，攝影師給它們拍攝了非常生動的照片，做成明信片。封面用哪隻貓呢？由觀眾投票來決定。

在填色遊戲最風靡的時候，故宮博物院選出院藏服飾、古建築等一系列線描圖，讓觀眾填色，然後通過微博的觀眾投票，讓大家自己選出填得最好的前三名。故宮出版社看到這個活動非常火爆，就趁勢設計推出了《點染紫禁城》的填色書系列，營銷情況很好。

2015 年以「二十四節氣」為主題的《紫禁城的物候》系列照片在故宮博物院官方微博和微信公眾號相繼推出，古老沉寂的紫禁城鮮活了起來，網友頻頻點讚。

還有的時候，人們希望經常看到故宮的美麗景色，我們故宮微博就

❊ 故宮初雪

經常向人們展示故宮風光照片。2016 年一組「紫禁城初雪」照片的訪問量達到 1425 萬。2017 年沒有等到下雪，我們迎來了紅月亮，當時我正在蘇州出差，打電話建議拍一組「紅月亮」的照片放上去，結果第二天一看，獲得了 2000 萬的閱讀量。

當然，還有大受歡迎的《謎宮·如意琳琅圖籍》。這不僅是故宮出版的首本創意互動解謎書籍，也填補了中國解謎遊戲市場的空白。該書用古籍的形式，將中國風的解謎內容與故宮歷史知識文化融為一體，創新了故宮文化知識傳播的方式。這些獨特的創新因素使該書還未推出就備受關注。2018 年 10 月 24 日，故宮博物院微博推出了一條「故宮出版神祕古籍」的微博後，閱讀量很快就達到了 500 萬，至 11 月 12 日，閱讀

量高達 1900 多萬次，點讚 2.2 萬次。可以看到，這就是故宮博物院粉絲的文化力量！

我看到有的網友總結故宮微博是：有事啟奏，無事曬顏。如果有「正事兒」，比如說有展覽要宣傳呀、有活動要舉辦呀，故宮微博就「有事啟奏」，尋常日子裏則忙於「花式曬顏」。還有一個微博網友的話說得很風趣：淘寶文創賣萌，負責賺錢養家；官方微博矜持，負責貌美如花。故宮博物院微博的美圖系列，裏面強烈的故宮元素加上詩意的表達，能讓大家感受到故宮是一座「活的城」。

大家對故宮的「點評」多了，故宮博物院和互聯網上的廣大觀眾和社會民眾就產生了非常良性的互動，觀眾覺得故宮博物院不再是高高在上繃着臉的老師，而是逐漸變成了身邊的親密朋友，所以非常願意為故宮博物院建言獻策。當然有時候也會有犀利的批評，而正是這些批評建議幫助故宮博物院把各項工作做得更好。

這裏必須誇讚一下我們的幕後英雄 —— 可愛的新媒體團隊。他們着力研究受眾群體的變化，更新傳統文化的傳播方式，通過更新官方網站、發送官方微博、開通微信公眾號、營銷文化創意產品等靈活的線上線下互動方式，準確把握年輕人的興趣和關注點，將博大精深的中華文明，以富有內涵且饒有趣味的形式推廣傳播，在年輕網民中積聚了大量人氣，成為中華文明網絡傳播的成功實踐。

這一系列實踐說明，博物館的文化傳播，只要認真研究網絡受眾的心理特徵和興趣特點，找到靈活多樣的傳播方式，就可以把「陽春白雪」的內容變得「喜聞樂見」。

當然了，我們也不會滿足於現狀，在官方微博和「微故宮」取得成功後，我們又持續應用互聯網技術提供多樣化的文化服務與體驗，與騰訊地圖攜手研發，特別推出「玩轉故宮」小程序，以「輕應用」玩轉「大故宮」，以「新方法」連接「新公眾」。

❖ 紫禁城杏花微雨

　　「玩轉故宮」小程序將基於地圖位置的場景化服務與真實世界中的故宮連接起來，以活潑的手繪全景地圖生動展示故宮全貌，將真實的建築和各項服務設施客觀還原到手機地圖上，全面滿足觀眾在故宮博物院參觀時的各項需求。通過基於地理數據搭建的場景化服務，根據人群和環境的變化，智能定製路線，結合小程序「即開即用，用完即走」的特性，無須複雜操作，有效創新了博物館服務方式，全面提升了觀覽體驗。

　　在「玩轉故宮」小程序中，不僅可以提前獲知故宮的開放須知、展覽推薦等重要信息，還能夠通過概況介紹、位置查找等精準地圖服務全面了解故宮博物院。通過「點位搜索」功能，可對建築、展覽、餐飲、商店、出入口等參觀點和服務設施進行路線規劃，以便在參觀過程中快速到達想去的位置，節省出時間，更充分參觀。

　　「玩轉故宮」小程序除了特別策劃的全景遊、快速遊、精華遊等幫助觀眾節省時間、豐富參觀體驗的經典路線，更是特別推出了重要建築「打卡」功能，可記錄下自己的行走軌跡，打造屬於自己的「路書」。例如，「紫禁城裏找祥瑞」特色路線，通過在相應地理位置打卡，收集「瑞獸」卡片，了解關於它們的小故事，同時能夠分享給好友，聊聊自己的遊覽經歷。玩累了，可以與「見大臣」AI 智能機器人聊聊天。來自《清代歷朝起居注合集》和《清實錄》以及其他文獻的 670 條趣味問答，等你來聊。「大臣」們宜古宜今的幽默方式，也許會為你輕鬆化解日常中的一些小煩惱呢。

出一個火一個的 APP

　　故宮博物院 APP —— 一個顏值高到沒邊兒的家夥。這是無數網友對我們的 APP 的評價。

　　2017 年 5 月 18 日，我們的第 9 款 APP「故宮社區」發佈。「故宮社區」APP 旨在通過博物館新型數字生態社區的探索性建設，將故宮博物院豐富的文化遺產資源與現代科技手段相結合，為社會公眾提供更為開放和有趣的互動體驗，營造一個「故宮式」的線上生活空間。

　　作為「故宮出品」APP 系列的第 9 部作品，「故宮社區」是一個全新形態的博物館 APP。它整合了包括故宮資訊、導覽、建築、藏品、展覽、學術、文化創意在內的 10 餘類故宮文化資源與服務形態，探索數字文化服務的創新模式。

　　在「故宮社區」APP 中，用戶可以建造屬於自己的「房子」，建造屬於自己的「故宮」，成為這裏的「主人」，創造自己的線上數字生活。「故宮社區」APP 設想通過逐步構建完善的用戶成長體系等方式，提升用戶生成內容平台的交互性和趣味性：通過發表文章、閱讀或點讚他人的文章、完成任務等方式獲取積分，使用積分及經驗值，升級自己的「專屬府邸」，作為個人內容創造的展示與交流空間，通過一個基於傳統建築元素進行再創造的線上虛擬城市，邀請用戶以現代的方式，體驗最具古典特色的文化生活。

　　相信熱心觀眾通過持續不斷地參與數字「故宮社區」活動，能了解越來越多的故宮文化知識。

❖ 「韓熙載夜宴圖」APP 發佈會（2015 年 1 月 12 日）

在未來，「故宮社區」APP 還將被賦予更多創想的空間和有趣的玩法，故宮文化將在這個有機的生態系統中「活起來」，並不斷被賦予更多價值。

其實，「故宮社區」APP 僅是故宮諸多 APP 中的一個縮影。人們常說，故宮的 APP 是「出一個火一個」。2018 年，故宮出品系列 APP 應用新增下載量超過 100 萬，同比增長 22%。

在「故宮社區」APP 之前，故宮博物院還發佈了 8 款系列 APP，受到廣泛好評。有榮膺蘋果商店年度最佳應用的「胤禛美人圖」「韓熙載夜宴圖」，有小朋友們喜歡的「皇帝的一天」「紫禁城祥瑞」，還有每天都能欣賞一件（套）故宮文物藏品的「每日故宮」，以及「故宮展覽」，使觀眾們能夠足不出戶就可以身臨其境般觀看展覽……這些 APP 可以說各具特色，且不少都載譽滿滿。

最早推出的「胤禛美人圖」APP 獲得「DFA Award」亞洲最具影響力優秀設計獎，被讚為「深入考究，製作精良」。「韓熙載夜宴圖」APP 運用了大量科學技術手段，共有 100 個內容註釋點、18 段專家音視頻導讀和 1 篇後記，並有台北「漢唐樂府」表演團體用非物質文化遺產「南音」演繹畫中樂舞，從而提供給觀眾新鮮時尚的交互體驗。

針對少年兒童開發的 APP「皇帝的一天」包含的豐富知識，無一不是經過縝密考證和深入研究。這樣的學術研究成果，保證了故宮文化創意所承載和傳播的文化的豐富性和前瞻性，是故宮文化的體現，更體現出中國傳統文化的醇厚韻味。

「紫禁城祥瑞」APP 最早發佈於 2014 年，宮廷文化與清新手繪風格的碰撞獲得了廣大用戶的喜愛，APP 發佈當月獲得 6 月最佳和編輯推薦，也入選 2014 年年度精選 APP。2018 年「祥瑞」題材再次出發、全面升級，推出了「紫禁城祥瑞 PRO」。

　　與舊版相比，「紫禁城祥瑞 PRO」具有以下突出特點：一是內容更加豐富。龍、鳳、麒麟、龜、狻猊（獅子）、葫蘆、花（梅花、菊花、牡丹）、雞、鵲、石榴、歲朝、桃、仙鶴、象、魚、鴛鴦等祥瑞角色組成的陣容，更為豐富強大；營造「祥瑞之島」的概念，層層深入；展示總共 170 餘件院藏文物。二是與文物互動，讓文物「玩起來」。圖解文物更加直觀，比如有部分文物第一次放大後，文物上會出現隱藏的知識點，這比單純的文字敍述要更直觀；為文物量身定做的「玩法」，使文物更加有趣，例如一個懸心爐香薰，用戶能提取「懸心」的構造，看清楚為什麼它不管怎麼滾，中心都能永遠保持水平，類似這樣的小彩蛋隱藏在 APP 各處，等待着用戶自己發現。三是百科式閱讀，深入感受「美」之所在。文物與文學的跨界搭配，多維度意境表現，如通過宋代《群魚戲藻圖》來表現莊子濠樑觀魚時體會到的魚游之樂；用「國豔天然，造物偏鍾賦」來表現沈奎繪製的《富貴長春圖》裏的姚黃、魏紫牡丹；用「既捲舒而縹緲，復聚散而輪囷」形容熏爐吐香的場景。有時古典文學的文字意境更能恰如其分地表達文物帶給人們的感受。

　　「紫禁城祥瑞 PRO」在傳達普及知識的同時，希望能藉文物和文字之美讓用戶對「美」有更深入的感受，通過這樣的審美體驗培養用戶欣賞藝術品意境的能力。

　　熱門 APP「每日故宮」完成 2.0 版本升級後，下載量突破 100 萬。

　　2016 年，在第四屆文化遺產保護與數字化國際論壇上，「故宮出品系列 APP+V 故宮」榮獲首屆數字遺產最佳實踐案例大賽最高獎 —— 最佳實踐獎。這大概正應了那句話吧：故宮出品，必屬精品。

網站改版與數字展廳

故宮博物院有 186 萬件藏品，每年有 3 萬件左右的藏品通過展覽展出。我們向參觀者們提供着一道道豐盛的大餐：既有原狀陳列類的展覽，通過恢復建築內部的原狀來展示其歷史實景；也有文物類的專題展廳，展示單一類別的文物，或是以某個主題來展示複合類別的文物。當然，我們自己心裏也明白，想把這些「大餐」全部吃完，花一天的時間是不可能的，觀眾必須得多來、常來，而這對一些觀眾來說恐怕就有難度了。有沒有什麼方法能讓他們「圓夢」呢？

為了讓更多的人全方位了解故宮文化遺產資源，除了微博、微信，以及故宮出品系列 APP 外，我們還對故宮的網站進行了改版升級：把英文網站做得更強大，把青少年網站做得更加活潑。除此之外，我們舉辦網上展覽和數字展廳，讓人們通過別開生面的方式欣賞故宮的展覽。

故宮官方網站 2017 年實現了一次升級改版。扁平化的頁面設計融合了傳統與時尚，以故宮特有的紅牆、黃瓦、朱門、銅釘為基礎色彩，以傳統紋飾點綴，為頁面增添了古典藝術氣息，形成特有的「故宮美」。在內容架構上進行了優化，分為導覽、展覽、教育、探索、學術、文創等板塊，使觀眾查找信息更加方便快捷。

端門數字展館、「清明上河圖 3.0」是比較有代表性的數字展館。二者都屬於在傳統建築中建設的全新數字形式展廳，讓人們來到故宮能欣賞到更為新穎和全面深入的展覽。

端門數字展館位於天安門北側、午門南側的端門。端門過去也是非常重要的皇家建築，與紫禁城、太廟、社稷壇等建築群一道，屬於「完

整故宮」的範疇。在我們將午門作為唯一的入口之後，對很多觀眾來說，端門是觀眾參觀故宮博物院的第一站，也是故宮博物院給觀眾遞上的第一張名片。

端門數字展館是在傳統建築中建設的全新數字形式展廳，與實體形式的展廳既有區別又密切聯繫，它以「數字建築」「數字文物」的形式，充分突出信息時代的技術優勢，把院藏珍貴文物中較為脆弱、難以展出的文物，或實物展覽中難以表達的內容以數字形態呈現給觀眾，以新媒體互動手段滿足傳統文化的傳播需求，同時又保障了文物安全，更可以激發觀眾對實體文物的興趣。

展廳內，「數字沙盤」基於高精度全景建築三維模型，通過沙盤動態演示和交互控制，以形象直觀的「數字立體地圖」進行數字導覽。「虛擬現實劇場」以高度沉浸感和可互動的模式，幫助觀眾在視聽效果的震撼中，感受紫禁城以及傳統文化的魅力。2015 年，為迎接故宮博物院建院 90 周年，我們舉辦了第一期數字大展，其主題為「故宮是座博物館」，其中包含「從紫禁城到故宮博物院」「紫禁集萃·故宮藏珍」「紫禁城·天子的宮殿」三大區域，通過完整的參觀流線，從故宮博物院歷史、館藏、建築三個方面向觀眾簡明扼要地介紹「故宮是什麼」「故宮有什麼」「來故宮看什麼」。開放後反響還是相當不錯的。雖然數字博物館內沒有任何一件實體文物藏品，但卻通過數字技術形象地再現了故宮博物院的文化遺產資源。

2017 年 10 月 10 日，端門數字館第二期主題數字體驗展「發現·養心殿 —— 主題數字體驗展」正式對觀眾開放。這一期數字展繼續秉持「互聯網＋」的創新理念，該展依託於養心殿專題研究的學術成果，又借助虛擬現實（VR）、人工智能（AI）、人機交互等科學技術，彌補了因養心殿正在進行研究性修復保護而暫時無法接待觀眾參觀的遺憾。觀眾在這裏可以體驗到古代工匠在屋樑或花瓶上細細勾勒出的一筆，又可體

驗與朝中重臣共商國是,度過「政務—文化—起居」活動在內的濃縮版的「養心殿裏的一天」。同時,「發現 · 養心殿 —— 主題數字體驗展」還結合故宮博物院研究資源、觀眾偏好和技術優勢,特別是多年積累的數字化成果,設計成線上、線下相結合的形式。

　　「發現 · 養心殿 —— 主題數字體驗展」分為「引言」「互動」「體驗」「回顧」4 個部分。「引言」通過數字沙盤的高清視頻片,使觀眾對養心殿歷史、結構、功能等產生宏觀了解。「互動」包括 6 個體驗項目:「召見大臣」模擬在養心殿明間召見大臣、引見官員的工作場景,觀眾可通過手機與「大臣」進行實時問答;「朱批奏摺」模擬在養心殿內批閱奏摺

的過程，觀眾「批閱奏摺」的同時，可以解鎖當年朱批原件；「鑒藏珍玩」精選了 90 件置於數字多寶閣中，其中對 49 件藏品配以深度互動環節；「走進三希堂」展示三希堂原狀陳列，觀眾可選擇多寶閣高層的藏品擺入三希堂中，也可「拿起」三希堂內陳設藏品進行欣賞；「親製御膳」可以通過動手製作，了解御膳的製作過程和配套餐具；「穿搭清裝」為搭配清代宮廷服飾，也可「試穿」。

在「體驗區」，觀眾可以戴上 VR 眼鏡，走進虛擬的養心殿正殿和後寢殿，進行高沉浸感的視覺體驗，身臨其境感受養心殿。「回顧區」是在虛擬現實劇場中，觀看養心殿影片，跟隨導覽員的介紹，可以看到養心殿建築很多難得一見的細節，例如養心殿屋頂內的結構。

「發現·養心殿 —— 主題數字體驗展」通過多種手段請觀眾走進養心殿，對話歷史，體驗歷史，回望歷史。虛擬現實遇上真實故宮，傳統文化與新科技元素碰撞和融合，擦出了精彩閃耀的火花。「發現·養心殿 —— 主題數字體驗展」最終獲得 2018 國際文化遺產視聽與多媒體藝術節金獎、第二屆國際數字遺產案例競賽技術創新獎。

2018 年，來到故宮博物院箭亭北側的觀眾都一定注意到了，我們在這裏搭了一個臨時的「大棚」。實際上，這是我們與鳳凰衛視共同帶給大家的「清明上河圖 3.0」高科技藝術互動展。

2017 年，故宮博物院展出了《千里江山圖》。在原作之外，由鳳凰衛視製作的 3D 畫卷作為主展廳襯托背景，受到大量觀眾的喜愛。由此，故宮博物院和鳳凰衛視選了故宮博物院藏品中非常傳奇的一幅長卷 —— 北宋張擇端版本的《清明上河圖》進行研發。這件作品是最為人熟知的國寶之一，有着不可替代的地位，也是世界上認知度最高的中國古代畫作。這幅長卷宏偉而又細膩地描摹宋代城市社會風貌，可謂獨一無二。大到廣闊郊野、潺潺河流、船隻、橋樑、商店和風景，小至船上的鉚釘、貨郎的商品、廣告牌上的文字，盡收畫中。接連的茶樓，遍佈

城間的酒館、餐廳，繁忙的汴河，不斷外出遊春和在城內奔波的人群，滿載貨物的外國駱駝商隊，詮釋了「太平日久，人物繁阜」的景象。公元 960 年前後，北宋人均 GDP 超出歐洲約 30%，都城汴京人口超百萬，是當時世界上人口最多的城市，經濟、科技與文化的發展，都領先於世，而那一時期中華民族的智慧也濃縮反映在《清明上河圖》的畫卷中，是北宋繁華城市社會生活的縮影。

面對《清明上河圖》這樣一幅藝術價值與學術價值都極高的畫作文物，如何處理原作與科技、藝術之間的關係，對研發團隊提出了很高的要求。這是國內首次通過文化、藝術與科技融合的方式，對國寶級畫作進行再研發創製，十分具有挑戰性。圍繞這件國寶級文物，故宮博物院研究室、資料信息部，故宮出版社與鳳凰衛視領客文化、鳳凰數字科技的專業人員，全程投入到研發創製過程中，同時聚集中國最頂尖的藝術家、文化大家和高科技開發團隊，組成專項小組，保證展演呈現出《清明上河圖》獨特的歷史文化價值。

故宮博物院研究室作為學術總指導，全程參與了項目的研發過程。故宮研究館員、國家文物鑒定委員會委員王連起先生多次與小組成員一起推敲展演形式，對項目內容一一批改修訂，保證了展演在學術上的準確性，使展演能為觀眾呈現出原畫之中蘊藏的內涵和神韻。故宮博物院資料信息部也運用近年來將故宮藏品數字化、信息化的豐富經驗，幫助專項小組實現高科技與藝術的結合。

經過一年半的反覆推敲，「清明上河圖 3.0」通過挖掘原作的藝術神韻、文化內涵與歷史風貌，融合 8K 超高清數字互動技術、4D 動感影像等多種高科技互動藝術，構築出真人與虛擬交織、人在畫中的沉浸體驗。

展館約 1600 平方米，共有《清明上河圖》巨幅互動長卷、孫羊店沉浸劇場、虹橋球幕影院三個展廳，以及一個北宋人文空間，從各種維度

最大化地營造觀展的沉浸感和互動性，獨創性地呈現了北宋的人文生活圖景。觀眾可以在各個音樂章節的串聯中，以第一人稱視角體驗北宋都城汴京的眾生百態，成為長卷中的人物，橫渡船舶如織的汴河，並在宋代的人文雅韻中喚醒文化的記憶。

這些因年代久遠難以直觀感知的歷史信息與藝術精華，在《清明上河圖 3.0》的多媒體長卷展廳變得「觸手可及」。

觀眾可以通過高清動態的長卷世界，研究舟船樓宇的精妙結構，看清人物的細微表情，感受當時汴京的先進與發達；孫羊店沉浸劇場首次將北宋的風情、光影、樂曲……在 360 度的全息立體空間中模擬還原，窗外有流動的街市風物、宋人茶餘飯後的閒談吟唱環繞耳畔；「漫步」於充滿驚喜的春天雨巷後，觀眾還可以在 4D 動感的虹橋球幕影院「坐」上一條大船，任河水流過腳下、柳枝拂面，感受汴河的繁忙、兩岸的綺麗。對外國嘉賓而言，「清明上河圖 3.0」展演的形式也讓他們跨越語言障礙和對中國歷史文化生疏的限制，直接展開沉浸體驗，體會中華文明的魅力。

《清明上河圖》高科技藝術互動展演讓觀眾認識到，文物也是具有想象力和年輕活力的現實存在。我們十分期待，日後當大家談到《清明上河圖》時，不僅能想起張擇端筆下的北宋風貌，也能聯想到故宮博物院和鳳凰衛視聯手創製的高科技藝術互動展演。「清明上河圖 3.0」高科技藝術互動展演開幕後，確實也進一步引發大家關注故宮文化、關注文化遺產，再次刷新了社會各界對故宮博物院的認識。

❖ 數字多寶閣

❖ 朱批奏摺

數字應用多元化

數字故宮是我們的新品牌。故宮博物院整合優秀數字資源，運用多種科技手段，持續打造數字故宮品牌，不僅為前來參觀的觀眾準備好了文化盛宴，更為不能來到故宮博物院的人們提供了接觸中國傳統文化、故宮文化的新途徑。

經過 3 年半的努力，我們建成了「數字故宮社區」，我認為這是目前博物館界最強大的數字信息平台，具有公眾教育、文化展示、參觀導覽、諮詢傳播、休閒娛樂、社交廣場、學術交流、電子商務等豐富功能，新的功能還在不斷完善推出中，互動功能也將不斷提升。

利用先進的數字技術，我們還研發了原創數字博物館，深入挖掘故宮博物院藏品的文化信息，凝練成數字文化產品。通過「數字地圖」，可以了解故宮 1200 棟古建築的信息，可以瀏覽 1500 塊故宮地毯的信息，還可以在線臨摹故宮書法藏品。

VR（虛擬現實技術）在數字故宮建設過程中起到了關鍵作用。通過這項技術的研發利用，故宮文化資產數字化應用研究所已經完成 6 部基於劇場環境的 VR 作品：「紫禁城·天子的宮殿」「三大殿」「養心殿」「倦勤齋」「靈沼軒」「角樓」；2 個基於虛擬現實頭盔設備的互動體驗項目：「養心殿」「御花園」；3 個基於網頁的線上互動體驗項目：「養心殿」「靈沼軒」「倦勤齋」。通過不斷嘗試新穎的數字化實現手段和方式，向公眾展示了故宮博物院古建築、文物藏品及其背後的歷史文化知識。

2018 年年底，我們「V 故宮」項目下「紫禁城·天子的宮殿」系列的第 7 部大型虛擬現實作品 ——「御花園」已經正式同大家見面。作品

❖ 穿搭清裝

❖ 走進三希堂

❖ 端門數字館開館特別活動（2015 年 12 月 18 日）

首次應用行業內領先的三維引擎實時渲染光影，聚焦紫禁城裏的皇家花園——御花園，利用三維特效創造性呈現御花園的全貌，並充分展現御花園在一天中的不同風采。

「御花園」VR 不僅真實直觀地再現了御花園的建築樣態，還結合史料研究，逼真地還原了御花園中曾經的各種植被、動物、水池、假山構成的生態系統，複原了御花園中曾經飼養的小鹿、游魚和曾種植過的海棠樹等動植物，在直觀地展現御花園歷史風貌的同時，營造出活潑靈動的園林空間，在虛擬現實的世界裏，再現了一個生機蓬勃的皇家園林。讓觀眾即使在寒冷的冬天裏，也彷彿置身於春意盎然的御花園。在此次創新作品中，首次引入了大屏與小屏協同的互動觀看方式，為觀眾揭示了更豐富的隱藏知識，提供了更加個性化的深度體驗。

除此之外，我們還在 2019 年年初非常火熱的「宮裏過大年」展中用到了數字沉浸技術。「宮裏過大年」數字沉浸體驗展位於乾清宮東廡，圍繞紫禁城傳承豐厚的年節文化，以數字技術、虛擬影像、動作捕捉等科技手段進行創新形式落地，輔以互動體驗區及文化創意產品矩陣，呈現多端口展開平台。展覽分為「冰嬉樂園」「門神佑福」「花開歲朝」「戲幕畫閣」「賞燈觀焰」「納福迎祥」六個部分，依託「賀歲迎祥——紫禁城裏過大年」展覽，切實落地豐富的互動展現形式，運用科技手段，呈現傳統文化語境下的視覺互動表現力。存在於書畫、器物中的祥瑞與期許，將一一甦醒於觀眾的沉浸體驗中，帶來「故宮過大年」的全息視境創新體驗。

長期以來，我們只把走進博物館的人們視為觀眾，而今天「超級連接的博物館」，通過互聯網技術，數字技術，可以使更多沒有機會走進博物館的人們，也成為博物館的忠實「新公眾」，享受博物館文化。故宮博物院將會與時俱進，不斷地根據人們接收信息的習慣和年輕人的文化需求進行文化創意研發，計劃在 2020 年建成「智慧故宮」。如此，我們博物館的服務對象將從「千萬觀眾」，擴大為「億萬觀眾」。

走出故宮：傳播文化的使者

柒

今天，故宮博物院的國際影響不斷擴大，聯合國教科文組織和國際博物館協會都把故宮博物院譽為「世界五大博物館」之一，故宮博物院當之無愧。世界五大博物館還有哪些呢？有英國的大英博物館、法國的盧浮宮博物館、美國的大都會藝術博物館、俄羅斯的國立艾爾米塔什博物館。這五座博物館有什麼規律呢？聯想到聯合國有五個常任理事國：中國、英國、法國、美國、俄羅斯，正好一個國家一座，說明沒有一個強大的博物館，就不能成為聯合國的常任理事國。

　　2018 年，有人問我對《國家寶藏》這個文博探索節目有什麼期待，當時我開玩笑說了四個字「打敗董卿」。今天無論是《朗讀者》還是《國家寶藏》都成為民眾非常喜愛的文化欄目，共同傳播中華優秀傳統文化。但是我認為兩者的受眾群體有所區別，《朗讀者》獲得很好的電視收視率，《國家寶藏》則獲得了很好的網絡平台收視率，形成互補共贏。

飛入尋常百姓家

除了前去故宮博物院看展覽外，還有沒有其他的同樣好的方式，能夠讓人們了解故宮、了解中華文化？答案是：有的。近年來，故宮博物院通過一部部電視片、紀錄片，變得更「平易近人」，真正地「飛入」了尋常百姓家。

2017 年年末，中央電視台播出的一檔《國家寶藏》節目火遍了大江南北。節目裏，文物「活起來了」，博物館也「親近」民眾了。我們的故宮、我們的文物、我們的中華文化也被這檔節目給帶火了。

其實早在 2017 年年初《國家寶藏》節目組第一次來到故宮博物院時，總製片人于蕾女士就向我講述了這檔欄目的構想。起初我很好奇，因為這個節目的創意和思路，是國內以往所有節目都不曾探索過的。正是出於這種好奇，大家的熱情也被激發出來，以故宮博物院為首的國內九家博物館（院）聯合起來，共同努力實現這一創意。

《國家寶藏》第一季正式開播後，無論是觀眾的熱情還是播出後的轟動效果都超出了我的想象。

故宮博物院、上海博物館、南京博物院、湖南省博物館、河南博物院、陝西歷史博物館、湖北省博物館、浙江省博物館、遼寧省博物館這九家國家級重點博物館（院）等悉數到位，共拿出 27 件文物珍品，數十位明星應邀助陣，大家努力將傳統文化與當代文化結合起來，努力實現傳統文化的現代性轉化，並很好地演繹了這些文物的前世今生。

在節目播出的兩個多月裏，「博物館熱」從電視熒屏擴展至網絡，又延伸至線下。節目很快創下 8 億人次的收視佳績。《國家寶藏》的內容在「B 站」上節目播放量破 2000 萬並被大量轉發，在微博上相關的節目秒拍視頻播放量近 4 億，在豆瓣上取得了 9.5 分的超高評價。節目播出後，九家國家級博物館（院）參觀量平均增加 50%。2018 年春節與 2017 年同期相比，參觀博物館的人數增加了 13%。而自 2017 年 12 月初《國家寶藏》節目開播以來，通過「博物館」搜索國內旅遊產品的數據上升了 50%。「尋寶之旅」成為家長安排親子遊、遊學遊的首選，銀髮族們更對博物館文化旅遊極為熱衷。

曾經有人問我對《國家寶藏》有什麼期待，當時我開玩笑說了四個字「打敗董卿」。今天無論是《朗讀者》還是《國家寶藏》都成為民眾非常喜愛的文化欄目，共同傳播中華優秀傳統文化。但是我認為兩者的受眾群體有所區別，《朗讀者》獲得很好的電視收視率，《國家寶藏》則獲得了很好的網絡平台收視率，達到互補共贏。可以說，《國家寶藏》節目取得轟動效應的背後，是國內頂級文化機構的強強聯合。博物館與電視兩大行業合作，就是希望能夠用人們喜聞樂見的方式展示和解讀傳統文化，與觀眾的期望互動，讓沉睡的文物甦醒，讓文化說話、讓歷史說話、讓文物說話，滿足廣大民眾文化需求。就像每一期節目開場時說的：讓國寶「活起來」，《國家寶藏》真的做到了！

最初，我對《國家寶藏》主創團隊說，「這個節目至少做五季」。他們一邊笑，一邊流露出不相信的神情。走到今天，當我再對主創團隊說，「這個節目至少做五季」，他們可能也不相信，他們一定在想，難道只做五季嗎？

2018 年 10 月，《國家寶藏》第二季啟動錄製。回想一年前，故宮博物院決定與《國家寶藏》欄目合作時，應邀的八家博物館（院）中，很多博物館都特地打來電話詢問：故宮博物院真要參加綜藝節目嗎？你們

參加了我們才參加。到了《國家寶藏》第二季籌備階段，應邀的八家博物館沒有一家再給故宮博物院打電話了，我們感到有些失落。反倒有不少沒有被邀請的博物館打來電話，追問什麼時候能夠上《國家寶藏》。

　　《國家寶藏》節目是一場文化盛事。第一季展示的 27 件文物背後是綿延傳承的中國優秀傳統文化和精神。我總說文物是有尊嚴的，如何讓文物在外貌、收藏、展覽這些物理空間上獲得尊嚴，是我們「看門人」和「守護人」的分內事；但如何讓他們在歷史、文化、精神上獲得尊嚴，就需要我們大家共同努力。通過努力，讓大家打開電視，了解文物背後的中國溫度，讓更多父母和孩子理解中華文化的精神本源，使更多人走進博物館，親身感受上下五千年的中國溫度。

❀　錄製中央電視台「朗讀者」節目（2017 年 2 月 26 日）

　　除了《國家寶藏》，我們還有幾部「收視率」頗高的片子，引發了大家的關注。比如 2018 年我們與北京電視台合作，共同出品了一部大型文化季播節目《上新了·故宮》。這是一檔文化真人秀節目，文化創意新品開發員和特邀嘉賓跟隨故宮文物專家走進紫禁城，尋找故宮博物院的珍貴寶藏，探索其歷史祕密，破解其文化密碼。節目不僅展現了故宮博物院強大的文化生命力，更做到了聯手知名設計師和高校設計專業學生「大開腦洞」，以年輕視角和文化創意載體，融合充滿創意的好奇心與想象力，挖掘每個人心目中的「故宮」，讓年輕力量賦予故宮新生的文化活力。每期節目都誕生了一系列引領熱潮的文化創意衍生品，打通受眾與故宮文化雙向互動的新聯結，讓故宮文化被更多年輕人「帶回家」。

　　實際上，《上新了·故宮》算得上是另一部紀錄片的「階段性版本」，這部紀錄片就是《紫禁城》。

　　《紫禁城》是為紀念紫禁城建成 600 周年、故宮博物院建院 95 周年而推出的大型紀錄片，計劃將於 2020 年 9 月上線。這部大型紀錄片助力故宮文化傳承，重申時代創新的使命感，深入探尋昔日皇宮隱祕角落，全面呈現海量珍貴文物文獻，展現 600 年故宮的厚重歷史與勃勃生機，讓更多的人通過影視這個紐帶認識紫禁城這件最大規模的文物，呈現它積累了六個世紀的厚重歷史與文化。

　　要知道，紫禁城是一個整體，體現着中國人的宇宙觀、哲學觀和藝術觀，只有從整體上闡釋，才能更深入、全面地了解它。這部紀錄片也為人們認識紫禁城的某個局部提供了坐標體系。否則，人們對紫禁城的認識將是零散的、不成系統的。這些年也有一些電視劇或者紀錄片，關注着紫禁城的一些宮殿、庭院，讓許多年輕觀眾來到故宮，走進劇中人物所居的這些宮殿一探究竟。但一鱗半爪終究不如全鬚全尾來得神采飛揚，我們也在期待這部大型紀錄片早日問世。

　　兩個節目，兩種形態，兩種氣質，呈現的卻是同一座紫禁城。由此可見，紫禁城這個傳統主題，有着取之不盡的文化資源，可以提供各種全新的表述空間。除了這兩個系列的影視作品，今後故宮博物院還將進一步探索以歌劇、話劇、電影、電視劇等多種藝術形式來表現紫禁城，全方位、立體化地呈現紫禁城的文化魅力，闡明故宮文化、中華文化的與時俱進，展現故宮博物院包含厚重文化歷史底蘊的同時，更體現不斷蓬勃生長的時代力量。

　　這裏還要特別提到我們故宮的話劇社「海棠社」和我們故宮的話劇《海棠依舊》。故宮博物院「海棠社」的成立，源於 2012 年年底至 2013 年年初年輕的「故宮人」自編自演的話劇《海棠依舊》。該劇以 1933—1948 年，在故宮博物院古物南遷、西遷等過程中，「故宮人」守護國寶的真實故事為主線，表現了老一輩「故宮人」對國寶典守珍護的情懷。2013 年，話劇《海棠依舊》在故宮博物院內上演 5 場，好評如潮。2015 年 10 月，為迎接故宮博物院成立 90 周年院慶，該劇在故宮寶蘊樓前實景演出。

　　此後話劇《海棠依舊》在南京博物院，在廈門鼓浪嶼音樂廳上演。2017 年 9 月，該劇登上北京保利劇院的舞台，採用公益演出的形式，與更多觀眾分享這段鮮為人知的故宮博物院院史。

　　今天，我們欣喜地看到，博物館文化已經成為大眾文化的一部分。過去人們到故宮博物院參觀，80% 的觀眾都會沿着中軸線一直往前面走，只看景觀不看展覽，而今天這個比例倒過來了，80% 的觀眾都會參觀展覽，無論是午門雁翅樓展廳，還是神武門展廳，每天都接待上萬名觀眾，甚至兩三萬名觀眾。故宮博物院內同時展出的幾十個展覽，都有來自各地的觀眾踴躍參觀。

　　經過不懈努力，終於實現了「故宮」走向「故宮博物院」的願望。

　　對於博物館來説，最終吸引並傳達給觀眾的，一定是珍貴文物藏品背後的故事，是有關文物的故事中蘊含的動人情懷，是整個中華民族的精神財富。要讓觀眾意識到，原來這些文物都活在自己身邊，各種不同的人與它們發生着關聯，有很多人在用他們的工作、他們的業餘愛好、他們的人生，甚至他們的生命、他們的祖祖輩輩來守護着這些文物，來研究着它們、發掘着它們。有很多人畢生的努力就是為了把這些文物捐贈給博物館，讓更多的人看見它們，進而讓更多的人知道我們民族留下了什麼。

　❊　參加《國家寶藏 ── 故宮博物院》錄製（2017 年 11 月 1 日）

走遍中國

　　除了各種渠道、各種方式的「雲展覽」外，在實物展覽、實地展覽方面，近年來故宮博物院也在努力做到施展多套組合拳，用多種方式使故宮文化「飛入」尋常百姓家。

　　大家都有這樣的感受：每逢節假日，無論是「五一」、中秋等「小長假」，還是春節、「十一」黃金周，再加上整個暑期，故宮都是「人滿為患」。在媒體報道中經常看到，故宮在全國最易擁堵的景區中基本上穩居前三。可這也沒辦法，因為宏偉的紫禁城就在北京，大家想來看，就只能來北京。紫禁城建築是不可移動文物，肯定移不走、挪不動，但是故宮博物院裏收藏的 186 萬件（套）可移動文物，是能夠動一動的。為了讓全國人民都能更直觀地看到故宮、體驗故宮，故宮博物院這幾年向國內各地區推出了數量相當龐大、種類相當繁多的展覽。

　　比如 2014 年，我們曾在廈門市博物館舉辦了「故宮珍藏 —— 慈禧的瓷器展」，在首都博物館舉辦了「長宜茀祿 —— 乾隆的祕密花園展」，在深圳博物館舉辦了「玉石梵像 —— 故宮藏曲陽出土北朝隋唐佛教造像展」。2015 年，我們在河北博物院舉辦了「故宮博物院藏 99 如意展」，在山東省博物館舉辦了「皇帝眼中的西洋科技展」。2016 年，我們在首都博物館舉辦了「走進養心殿展」，在瀋陽故宮舉辦了「曾在盛京 —— 瀋陽故宮南遷文物特展」。2017 年，我們又在南京博物院舉辦了「走進養心殿 —— 大清的家國天下展」，在杭州市公望美術館舉辦了「君聖臣賢 —— 乾隆與董家父子書畫作品特展」。2018 年，我們與太原市博物館

合作舉辦了「紫禁風華——2018 太原·故宮文物展」，在湘潭市博物館參加了「故里山花此時開——齊白石作品回鄉展」，在山東博物館舉辦了「中正仁和——走進養心殿展」。這些展覽都得到了各地方政府、博物館的大力支持，同時也取得了相當不錯的反響。故宮文化就這樣走進了千家萬戶。

可以看到，在這諸多走向各地的臨時展覽中，有好幾個都與「養心殿」有關，也可以說我們是在好幾家博物館舉辦了「養心殿巡迴展」。眾所周知，作為故宮古建築整體維修保護工程的重要組成部分，養心殿區域於 2016 年起進行全封閉維修保護。故宮博物院為此制定了為期五年的養心殿維修保護計劃，作為「研究性保護」項目，全面展開養心殿區域的相關學術研究，最大限度地保護養心殿的歷史信息，不改變古建築和文物原狀，實現原狀陳列和專題展覽有機結合，提升養心殿區域展覽效果。同時，在養心殿維修保護期間，將養心殿內的文物組成主題鮮明的展覽，形成臨時展覽項目，到各地博物館進行展覽，使養心殿內的文物第一次「走出紫禁城」，使更多的觀眾都能深入了解養心殿背後的歷史知識，並有機會欣賞到養心殿的精品文物。

應該說，這種辦展的方式既彌補了養心殿研究性保護項目實施期間公眾無法進入養心殿區域現場參觀的缺憾，也為公眾了解養心殿價值、保護管理工作內容提供了契機，同時可以促進社會公眾對於文化遺產的關注與興趣。當然，這樣的辦展模式，也讓我們嚐到了甜頭。在今後，這種思路和模式可以繼續沿用。

近年來，為推動故宮文化傳播，故宮博物院注重強強聯合，尋求多元合作夥伴。我們在將自己豐富多彩的展覽推向全國各地的同時，也在部分省區市「紮下了根」。這其中就包括由故宮博物院與廈門市合建的故宮鼓浪嶼外國文物館。

2014 年，故宮博物院與廈門市政府正式啟動在鼓浪嶼的共建項目。經過兩年多的緊密籌備，故宮鼓浪嶼外國文物館於 2017 年 5 月 13 日落成開館。故宮鼓浪嶼外國文物館選址在廈門市鼓浪嶼「救世醫院及護士學校舊址」，佔地面積 11000 平方米，建築面積 5180 平方米。這是故宮博物院首次在地方設立主題分館。

為什麼要設立「外國文物館」呢？中國是文明古國，在歷史上沒有劫掠、偷盜過其他國家的文物。同時，受歷史經濟條件所限，中國的博物館往往不能大量徵集其他國家的文物。因此長期以來，中國的博物館中收藏和陳列展示的主要是本國的文物藏品，很少收藏和長期展示來自世界各地的外國文物。在這方面故宮博物院是個例外，紫禁城作為明清兩朝的皇宮，常常接待外國使團，並有西洋工匠藝人服務於宮廷，因此

❀　在故宮鼓浪嶼外國文物館接受中央電視台「面對面」節目專訪（2017 年 5 月 13 日）

擁有大量具有異國風情的工藝品及日用珍品。這些外國文物如今收藏於故宮博物院，成為當時中外交流的見證。

　　鼓浪嶼歷來享有「萬國建築博覽會」之美譽，其異域風格的建築遺跡體現了中國近代與世界融合的人文環境。在鼓浪嶼設立「外國文物館」，讓人們領略世界文化，了解中外交流歷史，也是故宮博物院助力「一帶一路」建設的一件盛事。

　　2017 年，開館首展「故宮鼓浪嶼外國文物館展覽」共展出藏品 219 件（套）。展品涵蓋漆器、陶器、瓷器、玻璃器、琺瑯器、金屬器、織物、繪畫、書籍、雕塑、家具、鐘錶、科技儀器等多種類別，分別來自英國、法國、德國、瑞士、俄羅斯、意大利、奧地利、美國、保加利亞、日本、朝鮮等國家和地區。這些文物來源主要是清宮舊藏，也有部分為民間徵集或個人捐贈。時代跨越從 16 世紀至 20 世紀初，而以 18 世紀、19 世紀的文物居多。

❉　故宮鼓浪嶼外國文物館開館儀式（2017 年 5 月 13 日）

此次展出中的一件風琴，是故宮博物院現存管風琴中保存最完整的一件，此前從未展出過。之所以選中它，也是因為鼓浪嶼素有「音樂之島」的美譽。風琴造型優美，內部結構十分完整，其正面裝飾描金花卉紋，色彩絢麗，醒目位置的文字顯示風琴是由位於巴黎 DAUMESNIL 大街 166 號的 LIMONAIRE 兄弟公司製作。據說，用搖把上弦後，由機械帶動，氣體密閉在風箱中，風箱上樹立的木哨、金屬哨管、喇叭，在氣流衝擊下，這些樂器能發出聲響，可演奏 9 首樂曲。而柱子上站立的一男一女，同時聯動，手持小錘敲擊鈴鐺演奏。

除了來自歐洲等地的文物，故宮鼓浪嶼外國文物館首次展出了來自鄰國日本的七寶燒瓶。日本七寶燒與中國景泰藍一脈相承、相得益彰，擁有着傳承百年的歷史沿革。追根溯源，景泰藍或是七寶燒都擁有一個共同的名字 —— 琺瑯。這次從故宮博物院啟運來的有數件精美的七寶燒，例如米色地疏竹雞雛紋七寶燒瓶，燒製於 19 世紀末日本，銅胎、平底，通體灰色琺瑯地，上繪稀疏竹圖和母雞照看雛雞的場景，生動自然，簡約大方。而另一件藍地花卉紋七寶燒撇口瓶，通體以藍色畫琺瑯為地，上繪各色花卉紋。

西洋鐘錶展品中，有一件輪船式風雨錶。這件工業模型鐘錶能顯示溫度和濕度，屬於 19 世紀末法國最為流行的鐘錶造型，是瑞士烏利文貿易公司在中國經銷的法國生產的鐘錶。

鐘錶造型為輪船，船身置身於大理石座上，甲板上立有兩個圓筒，前面圓筒上嵌單套兩針鐘錶，後面上嵌風雨寒暑錶。兩筒之間的煙筒側面嵌溫度計，頂部放置一個指南針。更為別致的是，開動後，圓筒按順時針方向轉動，船尾的驅動輪也能旋轉。

除了在廈門設立故宮鼓浪嶼外國文物館，故宮博物院還在香港西九龍建立了「香港故宮文化博物館」。近年來，故宮博物院與香港文化、教育機構的交流愈加密切。例如 2013 年 7 月至 10 月，赴香港歷史博物

館舉辦了《國采朝章——清代宮廷服飾》展覽；2014 年 6 月至 9 月，參加香港文化博物館的「卓椅非凡：穿梭時空看世界」展覽；2015 年 6 月至 9 月，赴香港科技館舉辦了「西洋奇器——清宮科技展」；2016 年 11 月，赴香港文化博物館的「宮囍——清帝大婚慶典」展開幕，持續到 2017 年 2 月；2017 年，在香港特別行政區成立 20 周年之際，「八代帝居——故宮養心殿文物展」「萬壽載德——清宮帝后誕辰慶典」展在香港展出，吸引數十萬香港市民和遊客參觀，説明香港公眾對中華傳統文化擁有濃厚興趣。

在故宮博物院與香港博物館界長期密切合作的基礎上，故宮博物院與香港特區政府雙方都希望利用彼此的優勢，在展覽、研究及教育領域上進一步加強合作。2015 年 9 月，我與當時的香港特區政府政務司司長林鄭月娥在北京的會面討論中，探討了在香港興建一所永久性展示故宮文化和中華文化的博物館的可行性。隨後雙方就此項目進行了可行性研究。

2017 年 6 月 29 日，習近平主席在香港西九文化區出席《興建香港故宮文化博物館合作協議》簽署儀式，標誌着這一重要項目正式啟動。西九文化區是香港有史以來最大規模的文化投資。合作協議簽署後，香港故宮文化博物館的詳細設計開始進行，並在 2018 年展開建造工程，計劃於 2022 年竣工。

根據《興建香港故宮文化博物館合作協議》議定，故宮博物院在香港故宮文化博物館展覽的文物，將分為長期展出的常設展覽和臨時展出的特別展覽，常設展覽的展期一般為一年，根據展覽需要以及國家規定，可申請適當延期。常設展覽展出的故宮博物院文物藏品將不少於 600 件（套）。赴香港故宮文化博物館展出的展品都將經過文物修護和保養，以健康的狀態向香港市民展示。如在展出過程中需要養護，故宮博物院將從故宮文物醫院選派「醫生」赴港修復。

❀ 香港科學館「西洋奇器—清宮科技展」開幕式（2015 年 6 月 25 日）

❀ 香港特區政府行政長官林鄭月娥看望「故宮青年實習計劃」港粵學生（2017 年 8 月 6 日）

❖　香港鳳凰衛視採訪「萬壽載德 ── 清宮帝后誕辰慶典」展覽（2017 年 6 月 30 日）

　　另外，故宮博物院還會製作有關藏品細節和文化內涵的 APP，讓香港市民可以通過手機到展廳裏參觀。還會立足香港特色及展覽內容，專門設計一系列文化創意產品，這樣人們看完展覽以後，還能把「故宮文化帶回家」。同時，建成後的香港故宮文化博物館將充分利用高科技方式，向社會公眾呈現一個立體的博物館文化。還將不斷拓展香港故宮文化博物館的功能，包括開展面對青少年的故宮知識講堂、面對公眾的故宮文化講壇，以及提供新出版的故宮文化圖書和新研發的故宮文化創意產品等，通過公眾教育、文化展示、參觀導覽、諮詢傳播、休閒娛樂、電子商務等各種形式，使博物館成為一個多樣性的綜合性文化場所，一個獨具中華傳統文化特色的故宮文化綜合展示空間。

　　近年來，中國博物館數量逐年遞增，但是能引發觀展熱潮的還是少數博物館，一些博物館門庭冷清、人氣不佳。優質博物館和高質量展覽集中於某些城市，文化供給上東西部之間、城鄉之間還存有不平衡。博物館之間加強合作能實現資源共享、優勢互補、人員交流等諸多效果，共同集中力量服務於中國博物館事業的健康發展。

　　故宮博物院一直都在利用豐富的文物藏品優勢，向國內其他博物館輸送展覽，出借展品。我們不僅向外省、自治區、直轄市「送展覽」「建展館」，還向他們「送經驗」。我們與各地博物館，文化遺產保護單位等分享古建築保護、文物修復、藏品展陳、數字化展示、文物和博物館宣傳、人才培養、文化創意產品研發等方面的經驗。例如，在文化創意方面，建立故宮博物院駐安徽黃山市徽派傳統手工藝工作站，推動徽州傳統手工藝的傳承與創新，提升徽州傳統手工藝品牌。又如，2018 年 3 月，故宮文化創意研發交流中心落戶山西平遙，雙方將合力把平遙建設成為全國文化創意產業的「新高地」。

強大的博物館是聯合國安理會
常任理事國的「標配」

　　今天，故宮博物院的國際影響不斷擴大，聯合國教科文組織和國際博物館協會都把故宮博物院譽為「世界五大博物館」之一，故宮博物院當之無愧。世界五大博物館還有哪些呢？有英國的大英博物館、法國的盧浮宮博物館、美國的大都會藝術博物館、俄羅斯的艾爾米塔什博物館。這五座博物館有什麼規律呢？聯想到聯合國有五個常任理事國：中國、英國、法國、美國、俄羅斯，正好一個國家一座。我開玩笑說，沒有一個強大的博物館，就不能成為聯合國的常任理事國。

　　作為一個世界級博物館，就應該不斷將豐富多彩的展覽推向世界各地，也不斷將世界各國博物館的優秀展覽引入故宮博物院。

　　從「中華人民共和國出土文物展覽」開始，到改革開放 40 年來，故宮博物院共組織實施了 200 餘項重大文物對外展覽交流項目，其足跡遍佈五大洲 30 多個國家，觀眾人數超過 1 億人次。故宮博物院文物展覽每到一處，均會引起文化轟動，成為當地的文化時尚。其中包括：2012 年 1 月赴日本舉辦的「國寶觀瀾 —— 故宮博物院文物精華展」、2012 年 3 月赴墨西哥舉辦的「天堂之石 —— 玉石文明展」、2012 年 10 月赴德國舉辦的「金昭玉粹：清代宮廷生活藝術展」、2013 年 10 月赴英國舉辦的「中國古代繪畫名品展」、2014 年 3 月赴加拿大舉辦的「紫垣擷珍 —— 明清宮廷生活文物展」、2014 年 10 月赴美國舉辦的「紫禁城 —— 北京故宮博物院皇家珍品展」、2015 年 3 月赴澳大利亞舉辦的「盛世乾隆

展」、2016 年 9 月赴智利舉辦的「盛世繁華 —— 紫禁城清代宮廷藝術展」、2017 年 4 月赴芬蘭舉辦的「永膺福慶 —— 清代宮廷的輝煌展」、2017 年 7 月赴摩洛哥舉辦的「繼文繩武 —— 清代帝王的家國天下展」、2018 年 9 月赴希臘舉辦的「重文德之光華 —— 重華宮原狀文物展」等。

與此同時，我們也同世界多個國家和地區開展合作，將他們的展覽引入到故宮博物院。讓國人足不出戶就能欣賞到世界各地的文明。特別是午門雁翅樓大型展廳落成後，為來自國外博物館的展覽提供了更優質的展出環境。

例如 2016 年，故宮博物院與印度國家博物館精心策劃了「梵天東土·並蒂蓮華：公元 400~700 年印度與中國雕塑藝術大展」，來自印度 9 個博物館和中國 17 個博物館的雕塑文物在午門雁翅樓展廳面世。這是我國首次將中印古代同時期雕塑藝術對比展示，是中印兩國文化交流的重要部分。展覽在故宮博物院閉幕後，還在絲綢之路和海上絲綢之路沿線的福建、浙江和四川等地博物館展出，進一步弘揚與傳播中印兩國文化。

再如 2017 年，故宮博物院引進「浴火重光 —— 來自阿富汗國家博物館的寶藏」展，以四個考古學意義上的發現地點為主線，通過阿富汗文物工作者保護下來的 231 件巴克特里亞寶藏向觀眾展示了公元前 3 世紀到公元 1 世紀的阿富汗歷史風貌，它們更是絲綢之路早期歲月的時代見證。這是阿富汗首次在中國舉辦的文物展覽，展覽不僅展示了阿富汗人在曲折的歷史中保護珍貴文物的歷程，而且象徵着阿富汗的復甦與進步，展覽中絲綢之路不同時期的展品還向中國觀眾呈現出中阿兩國友好交往的歷史，展覽還引發了大眾對文化遺產保護等的深刻思考。2017 年起中國博物館界開啟了此項展覽的中國巡迴展出接力，先後在北京、敦煌、成都、鄭州、深圳等地輪展。

近年來，在故宮博物院舉辦的來自世界各國的展覽逐年增加，例如自 2017 年的「尚之以瓊華 —— 始於十八世紀的珍寶藝術展」「茜茜公主與

匈牙利：17~19 世紀匈牙利貴族生活展」以及 2018 年的「銘心擷珍 ——
卡塔爾阿勒薩尼收藏展」「貴冑綿綿：摩納哥格里馬爾迪王朝展（13
世紀~21 世紀）展」「愛琴遺珍 —— 希臘安提凱希拉島水下考古文物展」
「流金溢彩 —— 烏克蘭博物館文物及實用裝飾藝術大展」等。這些展覽題
材廣泛、內容豐富，而每一次引進展覽的舉辦，也都會引起廣泛的社會關
注，不少觀眾紛紛慕名而來，故宮博物院成了國際文化的交流窗口。

　　我們還與國際上重要的文物博物館、研究部門及政府機構建立了戰
略夥伴關係，簽署諒解備忘錄和合作框架協議等。共同在展覽、文物保
護與修復、研究、考古、教育、培訓、數字化、文化創意產品研發等方
面開展多種形式的廣泛合作。諸如英國大英博物館、美國紐約大都會藝

❖　2017 年，故宮博物院引進「浴火重光—來自阿富汗國家博物館的寶藏」展

術博物館、俄羅斯國立艾爾米塔什博物館、俄羅斯克里姆林宮博物館、法國盧浮宮博物館、德國德累斯頓國家藝術收藏館、澳大利亞維多利亞州國家美術館、加拿大皇家安大略博物館、日本東京國立博物館、韓國國立中央博物館、伊朗國家博物館、印度國家博物館、印尼國家博物館等都與我們有密切的合作關係。同時，故宮博物院還通過定期舉辦「紫禁城論壇」「世界古代文明保護論壇」等形式，加強與各方交流合作，共享人類古代文明保護成果。

除了這些，我們每年還會有相當多的重大外事活動，外賓在前來故宮參觀時，也領略到了中華文化。近年來，故宮博物院積極開展和承擔具有廣泛影響力的重大活動，使得越來越多國家和地區的同行、友人對故宮博物院有了更加深刻的了解和認知。自 2015 年以來，故宮博物院多次成為習近平主席、李克強總理等國家領導人接待外賓、舉辦國際活動的重要場所。2015—2017 年，故宮博物院共接待國賓近 200 批次、3000 餘人，包括法國總理瓦爾斯、德國總統高克、加拿大總理特魯多、英國威廉王子等。

2017 年 5 月 15 日，國家主席習近平夫人彭麗媛邀請出席「一帶一路」國際合作高峰論壇的外方團長配偶參觀世界文化遺產 —— 故宮博物院。來賓在太和殿前合影留念，進殿參觀故宮博物院院藏「一帶一路」主題精品文物展。在御花園，來賓們參觀了北京地區「非物質文化遺產」項目展示區，欣賞舞蹈、古琴、太極、無伴奏少年合唱、京劇表演選粹等文藝演出節目，一同體會了歷史悠久的中華文化，也體會了千百年來中國同「一帶一路」沿線國家的人文交流。

※ 與大英博物館簽署合作諒解備忘錄（2012 年 10 月 15 日）

✻ 「太和‧世界古代文明保護論壇」閉幕大會（2017 年 9 月 21 日）

特朗普參觀故宮

2017 年 11 月 8 日，時任美國總統特朗普參觀了故宮博物院。

這一天，首次訪華的特朗普及夫人抵達北京。飛機落地後，特朗普夫婦便乘車前往故宮，在國家主席習近平和夫人彭麗媛的陪同下，參觀故宮博物院。故宮成為中美元首歷史性會晤的時代見證。

歷史上，故宮曾多次迎接美國總統和貴賓，在中美關係發展史上有着特殊意義。1971 年 7 月，時任美國國家安全顧問的基辛格祕密訪華，在中國停留的 48 小時中，有 4 個小時被安排參觀紫禁城，這也是基辛格此次訪問中唯一的一次外出活動。1972 年 2 月，時任美國總統尼克松訪華時，到訪故宮。1998 年，美國時任總統克林頓訪華時偕家人參觀故宮，並作出了「精彩絕倫」的評價。

2009 年 11 月，美國時任總統奧巴馬上任後首次訪問中國，來到故宮參觀。美聯社曾這樣評論奧巴馬參觀故宮：「參觀到訪國的名勝古跡，體現了一位領導人對這個國家文化的尊重。」

此次美國特朗普訪華，受到了「國事訪問＋」的高規格接待。特朗普和夫人梅拉尼婭遊覽故宮、參觀展覽、欣賞京劇，和習近平主席夫婦在寶蘊樓茶敍，一起「修文物」，場面祥和友好、氣氛熱烈濃重，中華傳統文化成為連接太平洋兩岸兩個大國的虹橋和紐帶。

習近平主席不但對中華傳統文化的各個方面內容非常熟悉，學養深厚，應用起來得心應手，而且特別令我感動的是，習近平主席對於故宮文化、對於故宮博物院現狀也是了如指掌，無論是對紫禁城的歷史人物、歷史事件、文化資源、文化空間，還是對故宮古建築群、故宮文物

藏品、故宮歷史環境，包括故宮博物院未來發展等方面，均熟練地加以說明和闡釋，一路向特朗普娓娓道來。

特朗普聽到習近平主席的講解，不禁脫口而出：「這太棒了！」——驚歎是出於對中國歷史和文化的敬畏。

我注意到，有幾個地點的參觀活動引起了特朗普的極大興趣。一是在三大殿區域，從登上太和門開始，到走進太和殿，為紫禁城建築群的宏大氣勢所震撼。二是在「故宮文物醫院」，感受到故宮博物院員工的敬業精神、專業技能，特別是看到一件件嚴重殘損的文物得以「起死回生」，他十分感慨。三是在紫禁城暢音閣大戲台，極具中國傳統文化的環境和精彩的中國國粹京劇演出，令特朗普夫婦目不暇接。

❖　美國特朗普總統夫婦參觀故宮文物醫院

❈　與米歇爾·奧巴馬在一起（2014 年 3 月 21 日）

　　此後特朗普在社交媒體推特上發文稱,「我謹代表夫人梅拉尼婭,感謝習主席和彭麗媛女士,讓我們在北京紫禁城度過了一個難忘的下午和傍晚」;「……感謝您邀請我們訪問美麗的中國,我與梅拉尼婭將永記心間」。他還將其推特主頁背景照換成了中美兩國元首夫婦在暢音閣前的合照。照片中,四人微笑站在中間,京劇表演者分站前後左右,場面十分溫馨。可見這一活動帶給特朗普的欣喜之情與深刻印象。

　　此次特朗普參觀故宮,有四個方面是前所未有的:一是規格高,二是時間長,三是範圍大,四是內容多。

　　故宮博物院之所以能夠承擔此次接待活動,是因為經過不懈努力,故宮博物院已經成為有尊嚴的、令人尊敬的、以多種方式努力展示中華文化獨特魅力的文化空間。

　　在故宮文物醫院,兩國元首夫婦共同先後觀賞了書畫、家具、木器、陶瓷、紡織品、金屬器等文物修復技藝展示,現場參與書畫修復體驗,並共同觀看了故宮文物修復成果展。特別是鐘錶修復師現場展示了修復完成的銅鍍金嵌料石升降塔鐘、銅鍍金葫蘆瓶轉花鐘、銅鍍金鄉村音樂水法鐘等幾座鐘錶,並啟動其音樂、表演等功能,為來賓帶來精彩的視聽感受。同時就正在修復的銅鍍金木樓三角鐘、銅鍍金樂箱水法跑人雙馬馱鐘,介紹了故宮西洋鐘錶修復技藝。

　　在織繡文物修復工作室,兩國元首夫婦在一件 18 世紀的「明黃色緙絲女夾龍袍」前駐足凝視,這是一件清代乾隆皇帝最寵愛的皇后穿的禮服,主要用於重大慶典及祭祀活動,工藝精湛,技法精妙,彌足珍貴。

　　在書畫修復室,兩國元首夫婦一起體驗了國家級非物質文化遺產「古字畫裝裱修復技藝」的一個重要部分——托畫心。正所謂「三分畫,七分裱」,細節決定成敗,遠方的客人興致勃勃,按照要求做完之後,驚訝地連看了好幾眼。

在「故宮博物院藏文物精品展」中，有乾隆皇帝為其母親崇慶皇太后製作的金髮塔、飾有中國的圖騰龍紋的一套黃金編鐘、清宮造辦處製作的金天球儀、精緻華美的金甌永固杯、因形似天體中的星球而得名的乾隆款粉彩九桃圖天球瓶、釉色獨特的郎窯紅釉觀音尊、工藝複雜精細的剔紅山水人物圖長方提匣、3000 多年歷史的青銅禮器亞簋方罍等各個門類的文物精品。

現場還展出了一幅氣勢恢宏的繪畫長卷 ——《絲路山水地圖》。這幅長卷繪製於 16 世紀後期，全長 30.12 米，寬 0.59 米。地圖上繪製了從中國甘肅省的嘉峪關一直到天方城也就是今天人們所熟知的沙特阿拉伯聖城麥加的遼闊區域，涉及目前的 9 個國家，描繪了古代陸上絲綢之路沿途的地理信息，具有很高的藝術性與十分重要的歷史價值。

故宮博物院每年都要承擔大量外交接待任務，這些國家元首、政府首腦和各國代表團，在故宮博物院裏參觀，我們會介紹故宮所呈現的中華傳統文化，例如紅牆、黃瓦、藍天，這是「三原色」，用這三種顏色可以描繪出世界上任何色彩。我們的世界必須是絢麗多彩的，而不能是單一色彩的，每個民族都有他們值得驕傲的歷史，也都應該擁有他們嚮往的未來。今天，當各國領導人、外國代表團、中外觀眾走在故宮博物院內，看到故宮古建築維修保護得如此壯美、如此健康、如此有尊嚴，會感動於中國對於世界文化遺產保護所做出的積極努力和貢獻。

實際上，不光是國家元首。近年來，故宮博物院也通過舉辦「駐華使節進故宮」等豐富多彩的文化活動，向外國人士傳播中華傳統文化，加強與各國駐華使館的溝通與聯繫，促進故宮博物院國際交流與合作的開展。2012 年，故宮博物院首次舉辦「駐華使節進故宮」活動，澳大利亞、埃及、意大利，土耳其等國駐華使節及夫人在故宮博物院參觀交流，感受故宮文化魅力。2013 年，「駐華使節進故宮」活動邀請了聯合國各駐華系統機構的代表及官員，包括聯合國開發計劃署、聯合國世界

糧食計劃署、國際勞動組織、聯合國兒童基金會、國際貨幣基金組織、世界衛生組織、聯合國環境規劃署、聯合國教科文組織、聯合國亞太農業工程與機械中心、聯合國難民署等。

故宮博物院高度重視與駐華使館和在京國際組織、機構間的溝通與交流。2014 年和 2015 年,「駐華使節進故宮」活動,分別為俄羅斯聯邦駐華使館專場和美國駐華使館專場。2016 年,故宮博物院與全國人大外事委員會合作舉辦「駐華使節進故宮」活動,來自 15 國的駐華大使或公使來院參觀。同年,與文化部外聯局合作舉辦「駐華領事官員進故宮」活動,來自 11 國駐華使館的領事官員來院參觀。2017 年,共有 16 個駐華使館,12 位駐華大使和 48 位駐華使節官員參觀故宮博物院。

2018 年,「駐華使節進故宮」活動邀請來自西班牙、喀麥隆、薩摩亞、塔吉克斯坦、智利、牙買加等 38 個國家的大使,以及來自美國、英國、日本、韓國等約 110 位高級別外交官和家人走進紫禁城。他們在參觀過程中感歎故宮的尊貴壯美,領略中華傳統文化的豐富內涵,體驗現代數字技術呈現的故宮博物院全新魅力。

在中國傳統文化中,廳堂是一家之中最為重要的地方,是主人文化修養的集中展示。故宮之於中國,正如廳堂之於房屋,地位不言而喻。

能夠代表國家文明形象、展示中華文明的故宮,在中國對外交流中正發揮着「會客廳」的作用,成為中外交流的名片和橋樑。來到中國的外國政要們,走進故宮這座「國家會客廳」,可以切身了解到今日中國的文化根脈。

今天的故宮,正在成為全世界了解中國的窗口,我們希望各國朋友能夠通過故宮博物院更加深入地了解中國的文化。與此同時,我們尊重並珍惜全世界各國的文化,在倡導「和而不同」、構建「人類命運共同體」的今天,故宮博物院願作為「文化客廳」,將全世界各地的文化推廣開來,更好地發揮中外文化交流平台的作用。

喝咖啡、買文創：更有趣的故宮

捌

今天我們認識到，文化產品的中間最好加上「創意」兩個字。文化創意產品要有實用性，最好還要有趣味性，豐富人們的文化生活。

故宮文化創意是媒體和公眾討論和關注最多的領域，作為「萌萌噠」故宮的代表，由於廣受青少年喜愛，具備網絡傳播的各種條件，成為最廣為人知的故宮文化創意產品。

文創體驗館和文創精品店均在紫禁城城牆之外，因此不進入故宮博物院參觀的社會公眾，也可以體驗、購買到稱心如意的故宮文化創意產品。在冰窖餐廳喝咖啡，到紫禁城外買文創，故宮文化與觀眾更加親近了。

了不起的故宮文創

近些年，中國博物館的文化創意產業可以説是遍地開花。故宮博物院累計研發文化創意產品超過一萬種，形成了多元化的故宮文化創意產品系列，獲得相關領域獎項數十種。不少人通過故宮文創重新認識了故宮，也喜歡上了故宮博物院。

2010 年，故宮文化創意網店「故宮淘寶」開張。開始的時候，故宮文化創意產品的原創性不足，文化產品中複製的內容較多，有十幾個系列，但是總體來看實用性、趣味性、互動性均不強。

過去故宮商店裏售賣的文化產品中，80% 以上都是從外面進貨，什麼好賣就進什麼貨，對博物館來説這是絕對不行的，因為人們需要的是把你這座博物館的文化帶回家。後來我們調整思路，在故宮文化產品中增加創意設計，堅持把故宮文化資源真正地融入人們的生活，人們生活中希望有什麼，我們就研發什麼。把這些文化資源和文化創意產品對接，人們喜歡的文化創意產品就出現了。

我們研發了相當多的「爆款」產品。比如人們現在都使用手機，故宮博物院就不斷推出獨具特色的手機殼，供人們選擇；手機需要充電器，就研發了「正大光明」的充電器；還有年輕人喜愛的 U 盤、「朝珠耳機」；有根據清朝五代皇帝使用的五把紫砂壺而研發的紫砂壺，紅泥的、黃泥的、綠泥的、紫泥的、黑泥的，形成「五福五代」紫砂壺套裝；有為兒童研發的拼裝玩具；有為女士設計的呈現故宮特色的箱包；有從皇帝龍袍上提取海水江崖圖案製作的海水江崖系列手包和名片夾；有從女性氅

衣上提取鳳凰梅花圖案製作的方巾和各種顏色的披肩；有從《乾隆皇帝大閱圖》上提取的白馬圖案製作的領帶、水果插；還有四羊方尊造型的茶壺和水杯，平時擺在家裏是一件工藝品，如果客人來了就可以沏茶；故宮太和殿的藻井非常有名，為了滿足人們把藻井文化帶回家的願望，就研發了「藻井傘」；故宮的宮門也給觀眾深刻的印象，為了滿足人們把故宮宮門文化帶回家的願望，就研發了「宮門包」；雍正皇帝的「十二美人」非常有名，就製作了「美人套裝」和春夏秋冬四季「美人傘」；以唐代「五牛圖」為題材的文創產品適合擺放在家裏的門廳；傅熹年先生的父親傅忠謨先生捐贈的紅山文化玉器「C」形龍非常漂亮，受此啟發，我們設計了香插，還研發了宮廷香；太和殿的吻獸也非常有名，我們創意為跳棋、衣服夾子等；有兩個小陶俑非常活潑，我們借鑒其造型，設計成了小型牙籤桶。

2017 年秋季，故宮博物院在午門雁翅樓展廳舉辦了年度大展「千里江山 —— 歷代青綠山水畫特展」。在策劃「千里江山」大展的同時，故宮博物院就已經開始進行相關文化創意產品的研發。設計研發了以「千里江山」為主題的 20 餘類、150 餘種文化創意產品，例如「千里江山藝術團扇」，取《千里江山圖》中景觀豐富幽深之局部，以真絲花羅製成扇面，傳統的宋錦作為邊飾，以紅木為扇柄，以紫光檀雕刻為扇架，美而不俗，曾多次出現在國賓接待場合，將中國傳統文化的歷史久遠、典雅凝重等特色傳達給國際友人。而小型「千里江山藝術團扇」更是物美價廉，售價只有 85 元，一年的時間就累計在故宮實體店和網上售出 4 萬把，可以說是這一系列文化創意中最受歡迎的產品之一。此外，還有售價 258 元的中檔摺扇。高、中、低不同價格的文化創意產品，能夠滿足不同觀眾的文化需求。

經過六年的努力，到 2018 年年底，故宮博物院一共研發了 10500 種文化創意產品。並採取線上、線下兩個渠道進行銷售推廣，年銷售額

❖　領帶

❖　絲綢

超過 10 億元。通過文化創意產品，我們實際是把故宮這個文化符號所蘊含的傳統文化，轉換成一種更易於接受、更符合當下審美的時尚文化。

如果試圖總結故宮文化創意成功的原因，我想可以歸結為十六個字：「四個原則」「五個類別」「多種渠道」「三個竅門」。

故宮博物院文化創意產品研發遵循四個原則，也是實踐經驗總結和成功「祕訣」。這四個原則是：以社會公眾需求為導向，以藏品研究成果為基礎，以文化創意研發為支撐、以文化產品質量為前提。在這四個原則的指導下，故宮文化創意產品才逐漸有了自身鮮明的特色和風貌。

故宮博物院一直致力於挖掘豐富的故宮文化資源，採用自主研發、合作研發和借鑒社會力量相結合的形式進行文化創意產品設計研發。同時，針對不同社會需求和受眾群體，在文化創意產品的類別方面有所區分。

❀　五牛圖

❀　水果叉

一是國家禮品類。故宮文化創意產品中，有不少代表國家形象的國禮級禮品。例如大鳳手繡披肩，以故宮博物院藏「月白緙絲鳳梅花灰鼠皮氅衣」為靈感，以壽字和大鳳為主體圖案，四周環繞梅花，疏梅橫斜繞以象徵長壽的團壽字，是中國傳統經典圖案。披肩材質為真絲，配以手繡工藝，風格清新秀麗，作為國禮贈送外國元首。

二是專業學習類。故宮出版社的圖書也是故宮文化創意產品的重要組成部分，圖書出版已經形成宮廷文化、文物藝術、明清歷史三大版塊。出版有故宮博物院藏品大系、故宮經典、紫禁書系等多個傳播系列，對於刊發故宮學術研究的成果，配合展覽展示，宣傳故宮文化起到重要的作用，精美考究、內容充實的故宮圖書受到廣大讀者的歡迎和好評。

三是品質生活系列。例如「海水江崖」系列產品：以寓意「社稷永固，江山一統」的織繡龍袍藏品中的元素設計了桌旗、餐墊、紙巾盒、糖果盒、電腦包、錢包、護照夾、名片夾、手包等多個款式的文創產品，外部採用金色海水江崖紋織錦緞，內部採用真皮或真絲襯裏，是宮廷皇家氣息與現代時尚產品的完美結合。

四是時尚設計系列。例如「宮門」箱包，以故宮博物院宮門為參照，提取門釘、金輔首作為設計元素，以「故宮紅」為主色，採用超級纖維皮革材質製作，內設功能層，非常實用。「荷韻天福」系列陶製茶具，以故宮如意、祥雲等為元素，施以粉青色釉或炭黑色釉，整體風格簡潔典雅，充滿現代審美與傳統再設計的理念。

五是大眾潮流系列。總有人說我們的產品是「萌萌噠」的文創產品。例如有大眾接受度高的「宮廷娃娃」家族，一經推出就受到了青少年觀眾的青睞。他們是來自紫禁城的一群可愛精靈，包括「小皇帝」「小皇后」「小阿哥」「小格格」「御前侍衛」「八旗娃娃」「狀元郎」等眾多「寶貝」形象。產品都以「萌」為設計理念，做成搖頭娃娃、車載娃娃、手機座、桌邊娃娃、調料罐、存錢罐、小盆栽、創意擺件、便簽夾、冰箱

貼、鑰匙鏈、首飾盒等豐富多樣的文創產品。實際上「萌萌噠」的文創產品並不是故宮文創的主流，在故宮文化創意產品中僅佔 5%。

故宮博物院在文化創意展示與傳播方面，也開闢了多種渠道。

一是實體店。故宮博物院開闢多種渠道，方便社會公眾購買多種風格的故宮文化創意產品。按照商品類別和觀眾分佈，重新對全院營銷網點進行規劃佈局，對環境和服務設施進行了升級和改造，將文化創意展示與傳播納入全院整體發展之中，為觀眾提供優質的服務。

2015 年 9 月，故宮博物院文化創意體驗館在故宮東長房開館。文化創意體驗館作為故宮博物院「最後一個展廳」，集中展示和銷售故宮博物院研發的各類文化創意產品。力爭每一件產品都是在挖掘故宮文化資源基礎上，經過創新設計推出的歷史性、知識性、藝術性、趣味性、時尚性、實用性相融合的文化創意精品。目前，文化創意體驗館分為絲綢館、服飾館、御窯館、影像館、木藝館、銅藝館、陶藝館和紫禁書院等8 間各具特色的展廳，展銷的文化創意產品互不相同，能夠滿足不同觀眾的多種需求。故宮文化創意體驗館在產品陳設、文化氛圍、專題設計等多方面「發力」，除了集中展示和銷售故宮博物院研發的各類文化創意產品，更提供一種雅緻、生動、豐富的傳統文化氛圍，讓觀眾能夠在這裏獲得故宮文化的集中「體驗」。

此外，在端門西朝房設立的故宮商店已經成為故宮特色文化創意產品的精品店，店內設計精巧、佈置精美、主題多樣、各具特色。神武門外東西兩側也經過重新設計和規劃，建成了兩排故宮文化長廊，展示銷售故宮博物院的精品圖書、文化創意產品，更好地傳播故宮文化，方便來往觀眾。

這兩處地點均在紫禁城城牆之外，因此不進入故宮博物院參觀的社會公眾，也可以購買到稱心如意的故宮文化創意產品。在冰窖餐廳喝咖啡，來紫禁城外買文創，故宮文化與觀眾更加親近了。

二是新媒體推廣。除了實體店外，網絡以及新媒體也是故宮文化創意展示與傳播的重要渠道。在前文提到的「故宮淘寶」官方旗艦店以外，故宮微店於 2015 年 12 月正式上線，以「小清新、雅生活、高品質」為目標，主打雅緻生活類產品。店面位於微故宮公眾賬號的「逛一逛」中。故宮微店的產品不但具有精美的設計感受，還有深厚的歷史文化韻味。

目前，故宮微店包含了六個主題的文化創意產品區，文化創意產品的類別涵蓋了繪畫、陶瓷器、文房四寶、文典、服飾等多個領域。

三是其他形式的推廣。故宮文化傳播的形式和內容也越來越生動、鮮活、多樣。例如 2016 年 6 月，故宮博物院在首都機場舉辦「文化國門名畫大觀 ——《韓熙載夜宴圖》數字藝術展」，「吳門煙雨」的仿古園林景觀，加上南音古樂、梨園舞蹈、插花、茶道、香道，文人傳統生活的景象在此復甦，紫禁城的生活美學在此穿越時空曼妙延伸。同時，皇家加勒比游輪搭載故宮文化創意產品，傳播故宮文化。隨後故宮博物院與阿里巴巴、騰訊先後進行合作，包含門票、文創、出版三大板塊的「故宮博物院官方旗艦店」在阿里旅行和天貓平台正式上線，最大限度地實現功能需求多樣化，與騰訊的合作首先以「NEXTIDEA 騰訊創新大賽」為平台，以表情設計及遊戲創意為開端，探索傳統文化 IP 的活化模式等。這些舉措讓故宮博物院「文化+ 」的道路越走越寬廣。

故宮博物院也在引領人們生活方式上做出探索，不僅做融入生活的文化創意產品，而且以傳播生活美學為初衷的故宮文化體驗中心「紫禁書院」也首次走出故宮，落戶深圳鹽田。肩負着「把故宮文化帶回家」的使命和責任，紫禁書院以「圖書、書畫、文房、雅生活」為主題，用當代設計和創意，組成了充滿傳統書香味道的故宮當代文化空間。目前「紫禁書院」分院已經在景德鎮、珠海、福州、武夷山、青島等城市正式揭牌。今後將逐步在全國各地「生根發芽」，實現故宮文化多層次、多元化的傳播和推廣。

❖ 故宮貓與系列文創

　　2017 年，故宮文化創意產品和品牌也開展了國際性的推廣實踐。在國際方面，先後在「法蘭克福國際文具及辦公用品展覽會」「威尼斯藝術雙年展 ——中國官方主題平行展『記憶與當代』」「拉斯維加斯國際品牌授權博覽會」等展會參展。在國內方面，參加了「中國非物質文化遺產傳統技藝大展」「杭州文化創意產業博覽會」「國際文物保護裝備博覽會」「海峽兩岸（廈門）文化產業博覽交易會」等展會。故宮文化創意產品還隨同故宮博物院赴世界各國的展覽，出現在世界各地的博物館。

　　不僅如此，2018 年 5 月，故宮博物院還在日本舉辦了一個特別的展覽 ——「讓文物活起來：故宮文創展」。集中展示故宮文化創意產品中的銅器、漆器、瓷器和木器等 4 個系列的部分內容。所有這些文化創意產品的創作，均來自故宮博物院文物藏品的文化資源信息，通過深入挖掘傳統工藝技術，精心手工製作而成，是故宮文化創意產品中的精品，也實現了非物質文化遺產傳承。

　　我們最重要的，就是尋找到了屬於自己的文化 IP。最後，關於如何搞好文化創意，我們有 3 個小竅門可以分享：調查研究、觀察分析、活用創意。越是人們喜歡的產品，越要提升它的品質，才有助於形成品牌。現在人們對美好生活的需求日益增長，對文化創意產品的要求更高，不僅要具有文化內容，還要有足夠好的品質，比如綠色環保、實用性強等。

　　如此，相信大家都能有「了不起」的文化創意。

❖ 宮門與主題箱包

「故宮」已經成為一個品牌

相信大家已經越來越感覺到「故宮」文化創意在社會的影響力。但是，我們也非常清楚，僅有文化創意還很不夠。我們還需要更重視開放，讓傳統文化和互聯網互動，形成對公眾開放的文化空間、文化場所，尊重人們對文物保護現狀的知情權、參與權、監督權和受益權等，使文物保護成為全民參與的實踐，使博物館成為學生的第二課堂。「故宮」要成為社會上一個真正知名的文化品牌。

除了延續傳統的公眾教育服務項目外，故宮博物院在社會教育方面已經打造出了品牌形象。每年開展有組織的各類公眾教育活動達 25000 場次，直接參與觀眾 20 萬人次。公眾教育服務項目的代表性品牌包括「故宮講壇」和「故宮知識課堂」等公眾教育平台。

「故宮講壇」為面對成年人的主題講座。這個品牌的忠實粉絲既有年逾花甲的老人，又有青春活潑的年輕 90 後。授課專家以故宮博物院知名學者和中青年業務骨幹為主。授課內容緊密圍繞故宮文化，涉及古代建築、文物研究與鑒賞、明清歷史、文物科技保護、非物質文化遺產保護等諸多領域。有些熱門專家的講座深受聽眾歡迎，有聽眾甚至全程站着聽完。2017 年，「故宮講壇」榮獲「特別受百姓喜愛的終身學習品牌」。

「故宮知識課堂」在 2006 年正式推出，面向青少年群體，因而更加輕鬆活潑，參與性更強，廣受青少年和家長的好評。上萬名青少年朋友來到「故宮知識課堂」參加活動，收穫到知識和樂趣。

此外，我們還有專注於專業人才培訓的「故宮學院」品牌。故宮學

院於 2013 年成立，主要業務板塊包括故宮博物院院內員工培訓、國內博物館界及相關業界培訓、公眾教育和國際培訓，可謂「面向自身、面向行業、面向全國、面向世界」。培訓內容涉及宮廷歷史文化、文物鑑定、文物修復與保護、古建築保護、博物館實務等領域，兼顧知識與技能、理論與實踐。故宮學院立足於服務故宮博物院，並將服務輻射到國內外博物館及相關業界，逐步成為文博行業重要的人才培訓基地。

我們的「故宮服務」也已經成為馳名品牌。近年來，故宮博物院一直在創造條件擴大開放區域，使越來越多風格各異的古建築群與觀眾見面，滿足公眾對壯美紫禁城的參觀需求；通過故宮古建築整體維修保護工程、「平安故宮」工程，實現觀眾安全、故宮安全，為博物館事業發展打下堅實基礎；全面拆除彩鋼房和臨時建築、拆除延長上千米的鐵欄杆、恢復傳統磚石地面、平整井蓋、設置宮燈、廣植花木，為觀眾提供整潔美觀的參觀環境；在服務管理方面加大改革力度，通過全網購票、每日限流、增設座椅、優化衛生間比例、設立母嬰室，為觀眾提供更加完善的服務，樹立「故宮服務」的理念和文化品牌。

2017 年，北京市旅遊委和故宮博物院等單位共同出版了《故宮服務》一書，全方位展示了故宮博物院近年來在提升觀眾公共服務上的一系列做法。「故宮服務」逐漸成為國內外博物館和旅遊目的地的服務案例。我曾經用「誠心」「清心」「安心」「匠心」「稱心」「開心」「舒心」「熱心」八個詞語，來總結故宮博物院應如何服務觀眾這一問題，其本質是要求故宮博物院要採用人性化、以人為本的服務理念，目的是讓故宮文化資源走進人們的現實生活。對於我們來說這是一場管理革命，其核心理念為一切日常工作堅持以觀眾方便為中心，不同的服務理念必將產生出截然不同的效果。未來，「故宮人」將認真履行自己的使命與職責，將「故宮服務」這一理念和文化品牌做好做強。

目前，故宮博物院內設機構有 38 個部（處），其中，涉及故宮文化創意產品研發的共有 4 個團隊：經營管理處、文物服務中心、故宮出版社、資料信息中心。其中故宮出版已經成為非常響亮的文化品牌。

故宮博物院於 1983 年成立故宮出版社，負責出版故宮文化相關書籍，故宮出版社下設故宮文化傳播公司，統一進行文化創意產品和出版物的宣傳和營銷。故宮出版社通過出版書籍、雜誌、明信片等文化產品，讓故宮文化「躍然紙上」。《故宮博物院藏品大系》所遴選的文物藏品件件都是世人罕見的珍品瑰寶，且多是首次面世，具有極高的學術研究和文化傳播價值。《故宮博物院藏明清家具全集》收錄有故宮博物院藏家具近 2000 件，幾乎囊括了明清家具所有種類，尤其是宮廷風格家具。《謎宮·如意琳琅圖籍》則頗具創新地設計了獨特的「實體書籍＋線上遊戲」的解謎體驗，使讀者體味到故宮文化的新意境、新趣味。

在眾多出版物中，較為知名的是《故宮日曆》。2009 年，《故宮日曆》以 1937 年版為藍本複刻出版。《故宮日曆》是介紹故宮藏品、傳播傳統文化的普及讀物，承載的是故宮的歷史與文化，每一頁的內容、文字、圖片都經過精心挑選，力求以故宮博物院豐富的文物藏品、深厚的文化內涵展示中國傳統文化的精華。《故宮日曆》面世後不久，即成為文化創意界的「爆款」產品，並推出「中英文雙語版」「定製版」等，也成為故宮文化創意產品的代表之一。

今天，故宮博物院這個品牌已經吹起文化傳播的號角；今後，我們還將繼續把這個品牌做大做強，讓故宮文化走進億萬民眾生活，走向世界各地。

❖ 故宮講壇第一百講特別活動（2017 年 2 月 12 日）

文化的力量

　　我從小在四合院裏長大，沒想到自己會到「世界上最大的四合院」來工作。四合院裏春夏秋冬季節分明，可以接地氣、望天空。

　　事實上，對故宮每一間屋、每一寸土的深情，並不是在我擔任故宮博物院院長以後才放上心頭的。1989 年，我兒子 5 歲。那會兒我的愛人在外國上學，平時由岳父母照看小孩，一到星期天，孩子歸我管。他問我周末去哪兒啊？我說帶你玩去，看皇帝住的地方，就把他帶到故宮。第二個星期天，又帶他去。等到第三個星期天，他已經不怎麼樂意去了。一連 5 個星期天，我都是一邊帶孩子一邊工作，把故宮的很多細節都進行了拍攝，仔細研究。我要把那些恢宏的皇家古建築當成一本書去閱讀，而不是當成一個景點去遊覽。

專題報告的熱心聽眾

　　到故宮「看門」以後，每早 8 點，我都要向西沿故宮巡查一圈。媒體朋友們報道我，說我

「第一個走遍故宮 9371 間古建築房屋」，「第一個將故宮藏品數量精確到個位數」。我想，這是「看門人」應該做的。有一家媒體看我總穿布鞋，問這布鞋好買嗎？我回答説剛在網上買了 20 雙鞋。於是就演繹出了「上任之初的 5 個月內，穿壞了 20 雙鞋」的故事。實際上，在故宮「看門」的這些年，我穿了也不止 20 雙鞋。穿着布鞋走在故宮裏，當朝霞滿天的時候，當日落西山的時候，當月亮升起的時候，望着故宮，我心底就漫出一種靜靜守護故宮的幸福。

紫禁城的 600 年，承載了很多歷史與記憶，更見證了時代的變化。當下，無論是博物館界，還是與之相關的學術界、文物界甚至是媒體領域，都在思考改革，也都處在改革中。長期以來，博物館人心裏起急、嘴上抱怨，在這裏展覽的這些珍貴文物，既有歷史又有文化，但是很多人寧可選擇逛街，也不肯來博物館看上一眼。當人們想到博物館時，第一反應總是缺乏興致，冰冷、單調成為展櫃裏文物的代名詞，很多人只是匆匆在相機裏留下幾張影像便離開，更不必説有何收穫。如何讓故宮文化遺產資源「活起來」，是故宮博物院應該思考、研究和實踐的重要課題。

上　國慶節觀眾服務團隊
中　「太和·世界古代文明保護論壇」代表考察故宮文物醫院
下　故宮養心殿古建築維修保護現場會

在我看來，文物本身就是活的，歲月不會悄悄流過而沒有痕跡，只是缺少我們去發現；文物的價值也不應該是由我們去發掘的，而是它們本身就存在的。即便在我們還不具備歷史知識積累的時候，也應該保持這種好奇心去貼近它們，這才能使文物獲得應有的尊嚴。我相信在此之後，我們會換一種方式看文物 —— 文化遠在器物之上。

今天，故宮博物院的建設和發展得到了社會各界的支持，故宮博物院要通過舉辦更好的展覽、更豐富多彩的活動來回報社會。2019 年，故宮博物院接到通知，北京市要求把城市中軸線點亮。當時故宮博物院員工都已經開始休假，初三我們把相關的員工們請回來開始籌備，4 天的研發、8 天的安裝，經過 12 天的努力，故宮博物院終於如期於正月十五第一次在夜間

對觀眾開放，第一次在夜間大規模把紫禁城照亮。

　　人們登上故宮城牆，觀賞串聯起來的一系列展廳，包括午門雁翅樓內的「賀歲迎祥 —— 紫禁城裏過大年展」、東華門內的「營造之道 —— 紫禁城建築藝術展」、神武門內的「愛琴遺珍 —— 希臘安提凱希拉島水下考古文物展」，在展廳內還可以觀賞藝術家的表演。沿着城牆前行，可以看到燈光映照下金碧輝煌的紫禁城。走在城牆上可以看到《清明上河圖》《千里江山圖》被完整投影在古建築屋面上的恢宏壯觀，可以觀賞暢音閣大戲樓裏京劇藝術家的表演，可以在角樓裏觀賞 VR 影片的播放，走下城牆還可以欣賞被燈光投射在紅牆上的「上元節詩句」。連續兩個夜晚，故宮博物院接待了北京地區的勞動模範和預約前來的北京市民，同時，125 個國家的大使和外

上 接待吳良鏞教授參觀故宮博物院

左 與耿寶昌先生在一起

中 美國大都會博物館「中國：鏡花水月」展新聞發佈會

右 與意大利佛羅倫薩德國研究中心亞歷山德羅·諾瓦主任在一起

交官參加了這項活動。人們在夜色中的故宮博物院，獲得了從未有過的文化體驗。

數百家中外媒體把故宮的迷人景色向全世界進行了大量推送，一個揭開夜晚神祕面紗的紫禁城，一個擁抱現代城市生活的故宮，一個為滿足民眾文化需求不懈追求的故宮博物院，以新的形象呈現給世人，呈現給世界。

明清兩朝豎立天燈、萬壽燈是宮廷內最重要的活動之一，但是自 1840 年鴉片戰爭爆發以後，清朝走向衰弱，就再也沒有把天燈、萬壽燈豎立在乾清宮前了。2019 年是新中國成立 70 周年，故宮博物院重新把 11 米高的一對萬壽燈、14 米高的一對天燈在乾清宮前豎立了起來。很多觀眾為觀看這一景觀而來，80 個國家的駐華大使齊聚萬壽燈、天燈前合影。

為期三個月的「賀歲迎祥 —— 紫禁城裏過大年」展覽閉幕了，經過辛辛苦苦研發的萬壽燈、天燈和宮燈不應從此消失，希望它們能夠留存在城市中，為此故宮博物院舉辦了專場公益拍賣，並對社會宣佈拍賣所得的全部資金捐獻給國家級的貧困縣，這一行動得到了社會支持，最終這組萬壽燈、天燈和宮燈拍出了 2000 餘萬元，拍賣款項全部捐獻給了廣西、內蒙古等地的四個貧困縣。雖然捐獻數額並不多，但是我們感到非常自豪，以往博物館都是被人們捐贈的對象，而今天故宮博物院已經可以捐贈別人，扶貧是今天中國最重要的時代任務，故宮博物院也能夠光榮地參與其中，為全面建成小康社會做出貢獻。

什麼才是好的文化遺產保護？故宮博物院的實踐證明，不是把文化遺產資源鎖在庫房裏，死看硬守，而是應該讓文化遺產重新回到社會生活中。因為文化遺產原本就是來自社會，由普通民眾所創造。今天，要努力使文化遺產在人們的現實生活中再次展現出獨特魅力，有魅力的文化遺產才能得到人們傾心地呵護，得到人們呵護的文化遺產才有尊嚴，有尊嚴的文化遺產才能成為促進社會發展的積極力量。

當中華大地豐富多彩的文化遺產資源，經過系統梳理和科學保護，都能夠成為促進社會發展的積極力量，就能惠及更多的民眾，使更多的民眾

加入保護文化遺產的行列，這樣才是好的文化遺產保護狀態，才能形成文化遺產保護的良性循環。

什麼才是一座好的博物館？故宮博物院的實踐證明，擁有大規模的館舍、豐富的文物藏品、數量不斷增長的觀眾，不是定義一個好的博物館的標準。深入研究人們的現實生活需求，深入挖掘博物館的文化資源，凝練出強大的文化能量，不斷推出引人入勝的展覽，不斷舉辦豐富多彩的活動，使人們在現實生活中感受到博物館就在自己的身邊，休閒時間就會走進博物館，走進博物館後流連忘返，回去以後還要再來的博物館，這才是一座好的博物館。

「要系統梳理傳統文化資源，讓收藏在禁宮裏的文物、陳列在廣闊大地上的遺產、書寫在古籍裏的文字都活起來」。正是因為故宮博物院堅定不移地貫徹讓文物「活起來」的理念，經過艱苦卓絕的努力，如今才能實現「把一個壯美的紫禁城完整地交給下一個 600 年」的莊嚴承諾。

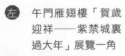

左　午門雁翅樓「賀歲迎祥──紫禁城裏過大年」展覽一角

右　故宮詩歌牆

今年春色勝常年
此夜風光最可憐
鳷鵲樓前新月滿
鳳凰台上寶燈燃
——（唐）崔液《上元夜六首》

今年春色勝常年

此夜風光最可怜

鳷鵲樓前新月滿

鳳凰台上宝灯燃

❀❀❀ 責任編輯：王春永
❀❀❀ 裝幀設計：林曉娜
❀❀❀ 排　　版：黎　浪
❀❀❀ 印　　務：劉漢舉

著者　　單霽翔

出版　　中華書局（香港）有限公司
　　　　香港北角英皇道 499 號北角工業大廈一樓 B
　　　　電話：（852）2137 2338　　傳真：（852）2713 8202
　　　　電子郵件：info@chunghwabook.com.hk
　　　　網址：http://www.chunghwabook.com.hk

發行　　香港聯合書刊物流有限公司
　　　　香港新界荃灣德士古道 220-248 號
　　　　荃灣工業中心 16 樓
　　　　電話：（852）2150 2100　　傳真：（852）2407 3062
　　　　電子郵件：info@suplogistics.com.hk

印刷　　美雅印刷製本有限公司
　　　　香港觀塘榮業街 6 號 海濱工業大廈 4 樓 A 室

版次　　2020 年 11 月初版
　　　　© 2020 中華書局（香港）有限公司

規格　　16 開（230mm×160mm）

ISBN　　978-988-8674-07-7

本書中文繁體字版本由中國大百科全書出版社有限公司授權中華書局（香港）有限
公司出版、發行。